KB187161

IJS 서울대학교 일본연구소
Reading Japan 32

아베노믹스와 저온호황

저 자 : 이창민

제이앤씨
Publishing Company

이 논문 또는 저서는 2019년 대한민국 교육부와 한국연구재단의 지원을 받아 수행된 연구임 (NRF-2019S1A6A3A02102886)

책 을 내 면 서

　서울대 일본연구소는 국내외 저명한 연구자와 다양한 분야의 전문가를 초청하여 각종 강연회와 연구회를 개최하고 있습니다. 〈리딩재팬〉은 그 성과를 정리하고 기록한 시리즈입니다.

　〈리딩재팬〉은 현대 일본의 정치, 외교, 경영, 경제, 역사, 사회, 문화 등에 걸친 현재적 쟁점들을 글로벌한 문제의식 속에서 알기 쉽게 풀어내고자 노력합니다. 일본연구의 다양한 주제를 확산시키고, 사회적 소통을 넓혀나가는 자리에 〈리딩재팬〉이 함께하겠습니다.

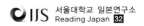

서울대학교 일본연구소
Reading Japan 32

차 례

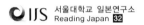
서울대학교 일본연구소
Reading Japan 32

아베노믹스와
저온호황

1
아베노믹스 경기의
종언(終焉) ―――――

    2019년 12월, 중국 우한(武漢)에서 시작된 코로나바이
러스감염증-19(이하 코로나19)가 전 세계로 확산되었고, 급기
야 2020년 3월 11일 세계보건기구(WHO)는 팬데믹 선언을 하
기에 이르렀다. 전 세계 누적 확진자 수는 폭발적으로 증가
해 1년여 만(2021년 1월 기준)에 1억 명을 돌파했으며, 사망
자 또한 200만 명을 넘어섰다. 그러나 이는 어디까지나 검사
를 통해 확인된 숫자일 뿐이다. 여전히 많은 국가들에서 충
분한 검사가 이루어지지 않고 있으며, 코로나바이러스의 특
성상 증상이 경미하거나 무증상인 감염자들도 많다는 점을
고려하면, 실제 감염률은 알려진 것보다 훨씬 높을 것이다.
일본에서는 1월 16일 우한에서 입국한 중국인이 최초로 확진
판정을 받은 이래, 1월 28일 첫 국내 감염자가 발생하였다.

이후, 세 차례의 큰 유행을 거치면서 1년여 만에 누적 확진자 수는 40만 명을 넘어섰고, 사망자도 7천 명을 넘어섰다.

확산 초기에 감염병 위기로만 여겨졌던 코로나19는 이제 명백히 경제적 위기로서 인식되고 있다. 2020년 1/4분기 일본의 실질 GDP 성장률은 지난해 같은 기간대비 -0.6%에 그쳤지만, 2/4분기에는 무려 -7.9%나 역성장했다.[1] 이는 글로벌 금융위기가 표면화되는 2009년 1/4분기에 기록한 -4.8%를 훨씬 뛰어넘는 수준으로 최근 40년 동안 발생한 가장 큰 마이너스 성장이다. 일본경제가 2/4분기에 심각한 타격을 입은 이유는 4월 7일부터 5월 25일까지 유지된 긴급사태선언의 영향이 컸다. 외출자제와 휴업요청을 동반한 강력한 방역정책 덕분에 감염확산은 저지할 수 있었지만 생산과 소비활동은 모두 얼어붙고 말았다.[2]

구체적으로 살펴보면, 생산, 수출, 설비투자의 전 분야

---

1) 계절조정계열, 내각부(內閣府) 공표 자료 기준.
2) 긴급사태선언으로 경제가 심각한 타격을 입자 일본 정부는 코로나19의 2차 유행이 본격화된 2020년 7~8월에 긴급사태선언을 주저하였다. 하지만, 감염 규모가 걷잡을 수 없이 확대된 3차 유행이 본격화하자 어쩔 수 없이 2021년 1월 8일부터 31일간 사이타마현(埼玉県), 치바현(千葉県), 도쿄도(東京都), 가나가와현(神奈川県)에 긴급사태를 선언하였고, 이어서 1월 14일부터 25일간 토치기현(栃木県), 기후현(岐阜県), 아이치현(愛知県), 교토부(京都府), 오사카부(大阪府), 효고현(兵庫県), 후쿠오카현(福岡県)까지 긴급사태선언을 확대하였다. 이후, 토치기현을 제외한 10개 지역에 대해서는 긴급사태선언을 2021년 3월 7일까지 연장하였다.

가 감소했는데, 광공업생산은 글로벌 가치사슬(Global Value Chain, 이하GVC)의 단절, 공장의 가동정지 등의 영향으로 지난해 같은 기간보다 16.7% 감소했다. 수출도 18.5% 감소했는데, 특히 자동차 수출은 무려 45.1%나 감소했다. 그나마 민간기업의 설비투자는 1.5% 감소하는데 그쳤는데, 일본 정책투자은행(日本政策投資銀行)의 조사에 따르면 내외수 축소에 따른 생산감소, 기업실적 악화에 따른 자금조달의 어려움, 불투명한 전망으로 인한 투자심리의 위축 등으로 대다수의 기업들이 신규투자에 신중한 모습을 보이고 있기 때문에, 투자심리가 회복되는 데에는 앞으로도 상당한 시간이 걸릴 것으로 보인다.

다만, 기업들이 체감하고 있는 경기침체의 정도는 업종에 따라 약간씩 차이가 있었다. 기업들의 업황판단을 지수화한 DI(Diffusion Index)의 2020년 6월 조사결과를 보면, 제조업의 경우 세계적으로 수요가 줄어든 자동차산업은 명백히 악화되었지만, 그 밖의 업종은 글로벌 금융위기 당시에 비해 상대적으로 비관적이지 않았다. 코로나19 초기에 중국 GVC의 단절을 겪었지만, 이후 중국이 빠른 속도로 공장가동을 정상화하였고, 일본기업들도 재빠르게 국내 회귀 및 ASEAN GVC로의 이동을 결정하면서 충격을 분산시키고 있다. 비제조업의 경우 의료서비스, 정보통신업, 택배서비스 등은 예상

밖의 호성적을 거둔 반면, 사람들의 외출, 이동과 관련한 여행업, 숙박업, 요식업, 오락업(테마파크, 스포츠 관전, 영화 등) 등은 글로벌 금융위기를 훨씬 뛰어넘는 타격을 입으면서 지수 전체의 하락을 견인하고 있는 양상이다.

결국, 코로나19의 2차 유행이 한참이던 2020년 7월 30일 '경기동향지수연구회(景気動向指数研究会)'는 2018년 10월을 아베노믹스 경기의 잠정적인 정점으로 발표하였다. 추후 내각부(內閣府)의 공식발표로 최종적인 경기의 정점이 결정되겠지만, 연구회의 발표는 경기기준일을 결정하는데 있어 중요한 의미를 갖는다. 이로써 아베노믹스 경기는 2012년 11월을 시작으로 71개월간의 확장국면을 끝내고 2018년 10월을 정점으로 수축국면으로 들어간 것이다. 그런데 이러한 발표는 지금까지 일본 정부가 견지해 온 시각과 상당한 차이를 드러낸다. 예컨대 아베 총리는 2019년 1월 30일 중의원 본회의에서 아베노믹스 경기가 74개월 연속 확장국면을 이어가 전후 최장 회복기에 접어들었다고 선언했다.[3] 정부와 연구회의 시각차는 왜 발생한 것일까?

---

3) 그때까지 전후 최장확장국면은 이자나미(いざなみ) 경기로 73개월 간(2002년 1월~2008년 2월) 지속 되었다.

<그림 1-1> 경기동향지수

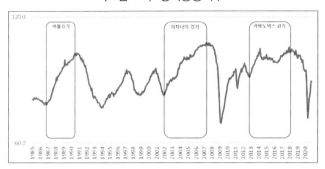

주: CI(Composite Indexes) 동행지수 기준(2015년=100).
출전: 内閣府「景気動向指」에서 작성.

〈그림 1-1〉에서 확인할 수 있듯이 경기동향지수는 분명 2018년 가을 무렵부터 하락하고 있었다. 그러나 경기변동의 큰 사이클이 끝나는 구간은 언제나 사후적으로 판단할 수밖에 없기 때문에, 2019년 상반기까지도 아베노믹스 경기의 정점을 정확히 이야기할 수 있는 사람은 아무도 없었다. 그러다가 긴급사태선언 이후 2020년 2/4분기에 발생한 경기침체로 인해 경기동향지수가 급전직하하면서〈그림 1-1〉과 같이 명백하게 아베노믹스 경기의 종언을 인지할 수 있게 되었다. 경기동향지수연구회가 아베노믹스 경기의 정점을 선언한 것도 코로나19로 인한 경기침체를 사후적으로 확인한 결과라고 볼 수 있다. 정부의 정식발표가 있기까지 아베노믹스 경기가 지속된 기간을 둘러싼 논란은 있을 수 있지만, 코로나19

로 인해 아베노믹스 경기가 막을 내렸다는 사실은 누구도 부인할 수 없게 되었다.

결국, 코로나19는 아베 정권의 붕괴에도 직접적인 영향을 미쳤다. 모리토모 가쿠엔(盛友学園), 가케 가쿠엔(加計学園), 벚꽃을 보는 모임(桜を見る会)으로 이어지는 각종 스캔들로 코로나19가 유행하기 이전부터 내각 지지율은 이미 회복이 불가능한 수준으로 하락했지만, 아베노믹스가 몰고 온 호황의 온기가 그나마 정권을 간신히 지탱하고 있었다. 하지만 코로나19로 인해 아베노믹스 경기는 종언을 고하게 되었고, 조롱거리가 된 '아베의 마스크(アベノマスク)'가 대변해 주듯이 코로나19에 대한 아베 내각의 미숙한 대응은 언론의 십자포화를 피하기 어려웠다. 결국, 아베 총리는 지병의 악화로 더 이상 총리직을 수행할 수 없다면서 2020년 9월 16일에 사임을 하였고, 이로써 7년 8개월 동안 이어진 아베 정권은 막을 내렸다.

결과적으로, 아베 총리는 역대 최장수 총리가 되었고, 아베노믹스 경기는 잠정적이기는 하지만 이자나미 경기에 이어 역대 두 번째로 긴 호황으로 기록되게 되었다. 일본경제사(日本経済史)라는 관점에서 아베노믹스는 훗날 어떠한 평가를 받게 될 것인가? 본서에서는 지난 7년 8개월간의 아베노믹스에 대한 역사적 평가를 시도하고자 한다. 본서의 목

적은 앞으로 발표될 아베노믹스에 대한 다양한 역사적 평가의 '다타키다이(叩き台)'를 제공하는 것이다. 굳이 '다타키다이'라는 일본어를 쓴 이유는 '비판, 검토를 통해 더 좋은 대안을 제시할 수 있도록 하는 원안'이라는 뜻을 오롯이 담아낼 수 있는 적절한 한국어가 없기 때문이다. 따라서, 본서에서 언급하는 아베노믹스에 대한 평가가 반드시 절대적인 것은 아니며, 굳이 말하자면 좀 더 많은 사람들이 동의할 수 있는 새로운 대안이 제시될 때까지의 잠정적인 결론이라고 할 수 있다.

아베노믹스를 어떻게 바라보느냐에 따라 다양한 평가지표를 생각할 수 있겠지만, 본서에서는 다음의 세 가지 질문을 통해 아베노믹스를 평가해 보고자 한다. 첫 번째 질문은 아베노믹스가 과연 일본을 장기불황의 수렁에서 건져낼 수 있었는가? 하는 것이다. 이는 다시 ①잠재성장률의 하락과 ②GDP갭의 마이너스 문제를 해결할 수 있었는지? 그리고 ③장기 디플레이션과 유동성 함정 문제는 극복되었는지? 등 세 가지 구체적인 질문으로 나누어 볼 수 있다. 두 번째 질문은 아베노믹스의 세 화살이 당초 목표한 바를 이루었는가? 하는 것이다. 이는 ①대담한 금융정책은 디플레이션 마인드를 종식시켰는지? ②기동적인 재정정책은 유효수요 창출과 재정건전화의 양립에 성공하였는지? ③성장전략은 민간투자를 촉진하였는지? 등 세 가지 구체적인 질문으로 나누어 볼 수 있다. 세 번째 질문은 아베노믹스의 전달 경로가 당초 의도한 대로 잘 작동하였는가? 하는 것이다. 이 또한 구체적으로 ①단계 경로(엔저, 실질금리 하락, 주가 상승), ②단계 경로(수출증가, 투자증가, 소비증가), ③단계 경로(기업의 수익증대, 임금상승)가 각각 잘 작동하였는지 나누어 생각해 볼 수 있다.

　　마지막으로, 본격적으로 아베노믹스를 살펴보기에 앞서 본서에서 사용하는 '아베노믹스'와 '아베노믹스 경기'라는 용어에 대해 정리해 둘 필요가 있을 것 같다. 본서에서 언급하는 '아베노믹스'란 2012년 12월 26일부터 2020년 9월 16일까지 7년 8개월여 지속된 제2차, 3차, 4차 아베 내각의 경제정책을 뜻한다. 또한 '아베노믹스 경기'란 경기변동의 제16순환이 시작되는 경기의 저점(2012년 11월)에서부터 (현재로서는 잠정적인) 경기의 정점(2018년 10월)에 이르는 71개월간의 호황을 뜻한다. 코로나19라는 경제충격으로 인해 모든 거시변수들이 정상궤도에서 벗어난 2020년을 제외하고, 본서에서는 '아베노믹스'와 관련한 설명일 경우 2013년 1월 ~ 2019년 12월의 데이터를 기준으로 하였으며, '아베노믹스 경기'와 관련한 설명일 경우 2012년 11월 ~ 2018년 10월의 데이터를 기준으로 하였다.

2

아베노믹스의 탄생

『아름다운 나라로(美しい国へ)』

2006년 7월 고이즈미 내각에서 포스트 고이즈미로 주목받던 정치가이자 당시 관방장관이던 아베 신조(安倍晋三)가 같은 해 9월에 예정되어 있던 자민당 총재선거를 준비하면서 발표한 저서의 제목이다. 이 책은 50만 부가 넘게 팔렸으며, 책 제목에서 따온 '아름다운 나라, 일본(美しい国、日本)'은 아베가 수상으로 취임한 이후 자신의 기본이념을 나타내는 용어로 사용되기도 하였다. 그러나 우아한 캐치프레이즈와 함께 시작된 제1차 아베 내각은 별다른 성과도 없이 겨우 1년 만에 허무하게 끝나고 말았다.

그리고 5년의 시간이 흐른 뒤 아베는 디플레이션 극복을 위한 강력한 경제정책을 표방하며 화려하게 재등장했다. 이른바 아베노믹스(Abenomics)의 탄생이다. 2012년 12월부터 제2차 아베 내각이 시작되었고, 아베노믹스라 불리는 장기 디플레이션 극복을 위한 다양한 경제정책들은, 코로나19의 확산으로 지지율 하락세를 견디지 못한 제4차 아베 내각이 막을 내릴 때까지 두 단계에 걸쳐 7년 8개월이 넘는 기간 동안 계속되었다(〈표 2-1〉 참조). 사실 아베노믹스라는 명칭은 아베 내각이 만들어 낸 것이 아니었다. 처음에는 언론 등에서 사용하기 시작하여, 점차 아베 총리 자신도 내각이 추진하고 있는 디플레이션 탈출 방안들을 아베노믹스라 부르게 되면서 점차 아베 내각의 경제정책을 일컫는 용어로서 자리잡게 되었다.

　　당초 아베노믹스의 정책목표는 소비자물가상승률 2%, 명목성장률 3%, 실질성장률 2%였다. 소비자물가상승률 2%에 관해서는 2013년 3월 구로다 하루히코(黒田東彦) 일본은행 총재가 취임하면서 다시 한번 명확하게 목표를 확인하였고,[4] 2013년 6월 발표된 '일본재흥전략(日本再興戦略)'에서는 명목성장

---

4) 중앙은행의 독립성을 강조한 이전 민주당 정권과 달리 아베 정부는 중앙은행에 대한 정치적 압력을 강화해, 결국 정부와 일본은행이 물가상승률 목표 2%라는 공동성명을 발표하기에 이르렀다.

률 3%, 실질성장률 2%의 목표가 명시되었다. 그리고 이러한 목표를 달성하기 위한 수단으로 대담한 금융정책, 기동적인 재정정책, 민간투자를 촉진하는 성장전략이라고 하는 세 개의 화살이 제시되었다. 7년 8개월이라는 대장정의 막을 내린 아베노믹스를 현재 시점에서 바라보면, 아베노믹스는 일관되게 유지되어 온 경제정책이라기보다는 경제 상황의 변화에 따라 부분적인 수정을 거쳐 온 경제정책 패키지라고 평가할 수 있다.

〈표 2-1〉 아베 내각

제1차 아베 내각	2006. 9 ~ 2007. 9		
제2차 아베 내각	2012.12 ~ 2014.12	1단계 아베노믹스 (2012~2016)	대담한 금융정책 기동적인 재정정책 민간투자를 촉진하는 성장 전략
제3차 아베 내각	2014.12 ~ 2017.11		
제4차 아베 내각	2017.11 ~ 2020. 9	2단계 아베노믹스 (2016~2020)	희망을 품은 강한경제 꿈을 자아내는 육아지원 안심할 수 있는 사회보장

출전: 필자 작성.

커다란 정책적 변화를 기준으로 보면 아베노믹스는 〈표 2-1〉과 같이 2016년에 새로운 단계로 접어들었다고 볼 수 있다. 2016년 9월에 장단기금리조정을 동반한 양적·질적 금융

완화정책이 도입되면서 금융정책에 큰 변화가 있었다. 그리고 그에 앞서, 2015년 10월에 아베 총리는 아베노믹스의 새로운 화살 세 개를 제시하고 2016년 6월에 '일본 1억 총활약 플랜(ニッポン一億総活躍プラン)'이 각의 결정되면서 성장전략 중심의 2단계 아베노믹스가 본격적으로 가동되었다. 이러한 금융정책의 노선변경과 성장정책으로의 중심이동은, 뒤에서 살펴보겠지만 모두 공통된 문제의식에서 출발한 것이고, 그런 의미에서 2016년은 아베노믹스의 변곡점이라고 볼 수 있다.

아베노믹스의 세 화살을 총수요 정책 또는 총공급 정책에 대응시켜보면, 첫 번째 화살인 금융정책과 두 번째 화살인 재정정책은 총수요 정책이고 세 번째 화살인 성장전략은 총공급 정책이다. 즉, 아베노믹스는 총수요 정책과 총공급 정책을 동시에 고려한 정책 패키지인 셈이다. 그러나 아베노믹스라는 배가 닻을 올리고 본격적으로 항해를 시작하던 시점에서의 핵심정책은 첫 번째 화살인 대담한 금융정책, 즉 양적완화였다. 그리고 이러한 양적완화는 아베노믹스가 처음 도입한 정책이 아니었다.

〈표 2-2〉 일본은행의 금융정책

시 기	금융정책	내 용	
1999년 2월	제로금리정책	콜금리의 유도목표를 제로로 설정	
2001년 3월	양적완화정책	콜금리에서 당좌예금잔고로 유도목표 변경 제로금리정책 유지	고이즈미의 양적완화
2006년 3월	양적완화 종료	콜금리에서 당좌예금잔고로 유도목표 변경 제로금리정책 유지	
2008년 10월	비전통적 금융정책	금융기관 보유주식, CP, 회사채 매입	
2010년 10월	포괄적 금융완화정책	국채, 회사채, ETF, J-REIT 매입 실질제로금리정책	
2013년 1월	물가목표설정	2% 물가목표를 명시	
2013년 4월	양적,질적 완화정책	콜금리에서 당좌예금잔고로 유도목표 변경 장기국채 보유확대, ETF, J-REIT 매입 확대	아베의 양적완화 (Ⅰ국면)
2014년 10월	양적,질적 완화정책의 확대	본원통화 증가폭 확대, 장기국채 보유확대, ETF, J-REIT 매입 확대	
2016년 2월	마이너스금리 동반 양적,질적 완화정책	금융기관의 일본은행 당좌예금 중 일부에 -0.1%의 금리를 적용	
2016년 9월	장단기 금리조정 동반 양적,질적 완화정책	일드커브 컨트롤 (yield curve control) 오버슈팅 커미트먼트 (overshooting commitment)	아베의 양적완화 (Ⅱ국면)
2018년 7월	향후지침	현재의 저금리 수준을 지속할 것을 약속 장기금리 목표치를 유연화해 일정 부분 금리상승을 용인	

출전: 필자 작성.

고이즈미 정권의 시작과 함께 2001년 3월 일본은 전 세계에서 가장 먼저 양적완화를 실시하였다. 〈표 2-2〉에서 보듯이, 아베노믹스가 실시되기 이전인 2001년 3월부터 2006년 3월까지 양적완화 정책이 실시되었다. 처음에는 본원통화를 5~6조 엔 규모로 늘려나가다가 2004년부터 30~35조 엔 규모로 확대했다. 고이즈미 내각의 경제팀은 총수요 부족에 대한 인식을 하고 있었다. 그래서 1998년에 Krugman이 주장한 양적완화를 실험적으로 받아들였고 결과는 성공적이었다.[5] 고이즈미 시절에는 '이자나미(いざなみ) 경기'라고 불리는 전후 최장기 호황을 맞이하게 되었고, 경기호황 국면에 들어선 게 확실시되자 일본은행은 2006년 3월에 양적완화 정책의 종료를 선언했다.

그러나 양적완화를 통해 총수요 부족의 문제를 해결하려는 일명 리플레이션파[6]의 아이디어가 고이즈미 정권의 핵

---

5) 고이즈미 시절 양적완화 정책의 성과에 대해서는, 그 규모가 충분히 크지 않았고, 디플레이션이 완전히 종식되지 않은 상태에서 서둘러 종료했다는 점에서 비판도 있지만, 엔화가 절하되고 수출이 호조를 보이면서 경기회복을 견인하였다는 점에서 성공적으로 평가할 수 있다.

6) 리플레이션파(reflationist, リフレ派)란, 일본경제를 장기 디플레이션 상태에서 벗어나게 하기 위해 양적완화, 중앙은행의 국채매입, 제로금리정책의 지속 등 물가안정목표를 달성하기 위해 다양한 거시정책을 추진해야 한다는 입장을 견지한 경제학자들이다. 대표적인 인물로는 이와타 키쿠오(岩田規久男), 하마다 고이치(浜田宏一), 혼다 에츠로(本田悅朗), 하라다 유타카(原田泰), 와카타베 마사즈미

심적인 경제정책은 아니었다. 고이즈미 정권은 총공급 제약의 문제를 해결하려는 구조개혁론자들과 함께 일본경제 시스템의 체질개선을 더욱 중시하였다. 대표적인 정책이 재정건전화 정책, 부실채권 정리, 공기업의 민영화이다. 그 결과 2001년에 8.7%에 육박하던 은행의 부실채권 비율이 2006년에는 2.7%까지 감소하고, 재정건전성 지표인 기초적 재정수지(Primary Balance, 이하 PB)의 GDP비율은 2007년에 0%에 근접했다.

리플레이션파의 정책이념은 아베의 재집권과 함께 전면적으로 실현되었다. 2007년 총리직에서 물러난 후 아베는 자민당의 대표적인 리플레이션파 수용자인 야마모토 고조(山本幸三)를 통해 리플레이션파의 경제논리를 학습하였다. 이후 총리에 재취임한 아베는 대표적 리플레이션파 경제학자인 하마다 고이치(浜田宏一)와 혼다 에츠로(本田悦朗)를 내각관방참여(内閣官房参与)로, 이와타 기쿠오(岩田規久男)를 일본은행 부총재로 임명하여 리플레이션파의 아이디어를 아베노믹스로 담아내었다. 아베가 양적완화를 주장하는 리플레이션파의 경제이념을 수용한 데에는 리먼쇼크 이후 미국과 유럽이 양적완

(若田部昌澄), 노구치 아사히(野口旭), 아다치 세지(安達誠司), 이다 야스유키(飯田泰之), 가타오카 고시(片岡剛士), 무라카미 나오키(村上尚己), 나카하라 노부유키(中原伸之) 등이 있다.

화를 도입했다는 점도 큰 영향을 미쳤다.[7]

결과적으로 아베노믹스의 양적완화는 고이즈미의 양적완화와 구별되는 몇 가지 특징을 가지게 되었다. 아베노믹스의 양적완화는 '이용할 수 있는 모든 수단을 대규모로 동원했다'는 데에 가장 큰 특징이 있다. 〈표 2-2〉에서 보듯이, 2008년 리먼쇼크로 인해 금융위기가 발생했을 때, 일본은행은 이미 CP와 회사채를 적극적으로 매입했으며, 2010년 민주당 정권 시절에도 금융완화정책을 확대해 ETF(주가지수 연동형 투자신탁)와 J-REIT(부동산 투자신탁) 매입을 시작했다. 아베노믹스의 양적완화는 이 모든 것들을 압도적인 규모로 실시했다는 점, 그리고 규모의 크기를 2년, 2배, 2%와 같은 수치로 명확히 시장에 전달했다는 점, 마지막으로 무제한적인 양적완화의 실시를 약속함으로써 시장의 기대를 유도하는 시간축 정책이었다는 점에서 그 특징을 꼽을 수 있다. 말하자면 아베노믹스의 첫 번째 화살인 대담한 금융정책은 금융정책이 아니라 **대담한**이라는 형용사에 방점이 찍힌 정책이었던 것이다.

---

7) 미국은 2008년 리먼쇼크로 인한 금융위기가 발생하자 QE1(Quantitative Easing1: 2008년11월~2010년6월)으로 불리는 대규모 금융완화 정책을 실시한 이후, QE2(2010년11월~2011년6월), QE3(2012년9월~2014년10월)을 연달아 발표했다. 이후 경기회복과 함께 2014년 10월에 6년간의 양적완화 시대를 마감했다. 유럽의 ECB도 리먼쇼크 직후부터 양적완화를 도입하여 2012년 8월까지 양적완화를 실시했다.

정책논쟁의 결과 '양적완화 우선'이라는 경제정책이 선택되었다면, 두 번째 화살인 재정정책의 경우에는 아베 총리 개인의 경험이 중요한 요소로 작용한 전략적 선택이었다. 제1차 아베 내각이 발족했을 때 아베 총리는 경제정책에 대한 특별한 아이디어가 없었다. 2006년 9월 26일 아베 총리의 기자회견을 보면 저출산, 고령화 사회를 맞아 기술혁신으로 생산성 향상을 도모하겠다는 성장전략과 연금, 의료, 개호 등 사회보장제도 개혁을 실시하겠다는 이야기가 등장한다. 또한 재정재건을 위해 세출을 줄이고 국채발행액을 감소시켜 나가겠다고 밝혔다. 기본적으로는 고이즈미 구조개혁을 그대로 계승하겠다는 것이고 새롭게 등장한 정책은 없었다. 2006년 3월에 양적완화가 종료되고 일본 사회가 어느 정도 경기회복을 확신하고 있었을 때여서인지 제1차 아베 내각은 새로운 경제정책에 대한 필요성 자체를 느끼지 못했다.

아베 총리의 관심은 다른 데에 있었다. 아베 총리는 보수성향이 강한 정책을 차례차례 도입하였다. 헌법 개정 절차를 정한 국민투표법의 성립, 교육관련 3법의 중의원 통과, 공무원제도개혁에 대한 법안 심의 등 아베 정권의 우경화 행보가 이어졌다. 그러는 사이 지지율은 곤두박질쳤다. 아베 정권이 들어섰을 때 지지율은 63%였다. 그러나 전임 고이즈미 정권에서 우정민영화에 반기를 들었던 의원들의 복당을 승

인하면서 고이즈미 개혁노선에서 벗어난 변절자의 이미지가 덧씌워져 지지율이 하락하기 시작했다. 야나기사와 하쿠오(柳澤伯夫) 후생노동성의 '애 낳는 기계(産む機械)' 실언과 그에 대한 대응 미숙으로 지지율이 다시 하락했고, 사라진 연금기록이 5천만 건에 다다른 사건으로 지지율이 30%까지 떨어지면서 아베 정권은 몰락했다. 설상가상으로 건강까지 악화되어 아베 총리는 취임한지 1년 만에 퇴장하게 되었다.

잃어버린 10년을 극복하고 장기호황 국면에 접어들었던 일본경제는 2008년 리먼쇼크가 촉발한 글로벌 금융위기로 인해 다시금 침체의 늪에 빠졌다. 아베의 뒤를 이어 5년 동안 5명의 총리가 교체되는 정치적 혼란기를 거치면서 일본경제도 깊은 수렁에 빠져 들었다. 자민당에 대한 불만과 불신이 극에 달한 2009년 8월, 중의원 선거에서 유권자들은 징벌적 투표를 통해 정권을 교체했다. 압도적인 승리를 거둔 민주당은 소득재분배를 통한 소득주도성장을 내세웠다. 그러나 무리한 복지공약으로 재원조달의 어려움을 겪으며 침체에 빠진 경제는 몇 년간 뚜렷한 회복세를 보이지 못했다.[8] 그 와중에 발생한 동일본대지진은 일본경제에 다시 한번 치명타를 입히며 민주당 정권의 붕괴를 가속화 시켰다.

---

8) 민주당의 복지공약을 전부 실현하기 위해서는 약 16조 8,000억 엔이 필요했으나 집권기간 동안 마련한 재원은 3조 9,000억 엔에 불과했다.

그런데 동일본대지진으로 인한 부흥국채의 발행 논의가 시작되면서 정치인 아베는 부활할 수 있는 기회를 잡았다. 2011년 5월 4일 레이타쿠(麗澤) 대학에서 한 강연 '어떻게 일본을 다시 세울 것인가?(いかに日本を立て直すか)'에서 아베는 지진으로 인한 재해복구를 위해 부흥국채를 발행해야 한다고 주장했다. 6월 16일에는 부흥국채 발행을 지지하는 아베 신조를 포함한 211명의 국회의원이 성명을 발표했다. 제1차 아베내각에서 재정건전화를 주장했던 아베가 4년 뒤에는 정반대로 적극적인 재정지출을 주장하게 된 것이다. 동일본대지진이라는 경험을 통해 재정건전화에 얽매이지 않고 적극적인 재정지출을 허용할 수 있다는 아이디어의 전환이 가능했던 것이다. 이러한 경험은 아베노믹스의 두 번째 화살인 기동적인 재정정책으로 탄생하게 된다.

경기침체의 장기화로 인한 조세 수입의 감소와 고령화로 인한 사회보장비용의 급증으로, 1990년대부터 일본의 GDP대비 정부부채 규모는 꾸준히 상승하였다. 역대 정권에서는 재정건전화를 전면에 내세워 증세와 세출 억제로 정부부채의 규모를 줄이기 위한 노력을 해왔다. 예컨대, 1996년 1월에 출범한 하시모토(橋本) 내각은 소비세율을 인상하고(3%→5%) 강력한 재정건전화 정책을 실시하여 일정 부분 효과를 거두었다.[9] 그러나 소비세 증세가 소비와 투자를 위축시켜 경기가 급속도로 냉각됐고, 1997년에는 아시아 외환위기까지 겹치면서 하시모토 내각은 1998년 7월에 막을 내렸다.

2001년 4월에 고이즈미 내각이 출범했을 때에도 재정건전화는 화두였다. 국채발행액이 매년 30조 엔을 넘지 않도록 하겠다고 선언했지만 경기악화로 세입이 줄자 1년 만에 공약을 포기하였다. 이후 재정건전화 계획이 어느 정도 성과를 거둔 것은 경기회복이 확실해진 2006~07년이 되어서이다. 정권교체에 성공한 민주당에서도 '콘크리트에서 사람으로(コンクリートから人へ)'라는 슬로건을 내걸고 공공사업을 중심으로 재정지출을 축소하였다. 정권이 바뀌어도 재정건전화라는 큰 방향은 바뀌지 않았다.

재정건전화를 전면에 내세운 이전 정부와 달리 아베 정부는 적극적인 재정정책을 아베노믹스에 포함시켰다. 대규모 공공사업을 전개하고 이를 위해 예산을 확대하고 필요에 따라서는 보정예산도 편성하겠다고 했다. 재정건전화에 대한 복안이 아예 없었던 것은 아니었다. '사회보장과 세금의 일체개혁(社会保障・税一体改革)'의 연장선상에서 기초적 재정수지의 GDP비율을 2020년까지 흑자화하겠다는 계획도 세웠다.

하지만 2014년 4월의 소비세 증세(5%→8%)로 경기회복

---

9) 1997년도에는 전년도에 비해 세출이 3,000억 엔 정도 감소하고 세입은 2조 엔 정도 증가했다.

속도가 둔화되자 소비세의 추가 인상 계획은 연기되고 목표 달성은 불가능해졌다. 아베 정권은 앞선 정권들의 사례에서 경기회복이 완전하지 못한 상태에서 재정건전화 정책을 실행할 경우 실패할 가능성이 많고 정치적 부담도 커진다는 교훈을 얻었다. 아베 정권은 무리해서 재정건전화를 추진하기보다 반대로 적극적인 재정정책을 통해 총수요를 자극해 경기회복으로 세수가 늘어날 수 있는 방법을 택했다. 그러면서도 무턱대고 재정지출을 늘릴 수는 없었기에 재정건전화를 염두에 두고 필요에 따라 기동적으로 재정정책을 실시하기로 했다. 대담한 금융정책과 마찬가지로 기동적인 재정정책도 재정정책이 아니라 **기동적**이라는 형용사에 방점이 찍힌다고 볼 수 있다.

　세 번째 화살인 성장전략은 사실상 구조개혁의 다른 표현이다. 경제가 장기적으로 성장한다는 말은 잠재 GDP가 늘어난다는 것인데, 잠재 GDP가 상승하기 위해서는 경제 구조의 개혁이 필요하다. 경제 구조의 개혁이란 기업과 노동자가 공정한 룰 안에서 효율적이고 안정적으로 생산 활동에 종사할 수 있는 환경을 만드는 일이다. 아베노믹스의 마지막 화살인 민간투자를 촉진하는 성장전략은 총공급 제약의 문제를 해결하기 위해 정부가 경제 구조의 개혁을 실시하겠다는 것이다. 그런데 이러한 구조개혁은 이미 1980년대 후반부터 그 중요성이 지적되어 왔다. 1986년 나카소네(中曽根)내각에서 작성 된 '마에가와(前川) 레포트'는 당시 대미무역 흑자구조를 개선하고 지금까지 고도성장을 뒷받침해 온 경제구조의 개혁이 필요하다고 주장했다. 당시로서는 대담한 정책 제언이었던 '마에가와 레포트'는 이후 각 정부마다 등장하는 구조개혁의 효시가 되었다.

경기침체가 길어지고 저출산, 고령화와 같은 구조적인 문제가 나타나기 시작한 1990년대에는 구조개혁에 대한 관심이 더 높아졌다. 1995년 무라야마(村山) 내각은 당시의 엔고 기조와 생산성 저하의 문제를 해결하고자 10개 분야의 구조개혁을 발표했다. 1996년 하시모토 내각은 6대 개혁을 중심으로 재정건전화를 위한 재정개혁을 단행했으나 경기악화로 효과를 보지는 못했고, 뒤를 이은 오부치(小渕) 내각은 반대로 경기회복을 위해 재정지출을 확대했으나 그와는 별도로 지속 가능한 성장을 위한 다양한 구조개혁을 발표했다. 고이즈미의 구조개혁은 앞서 설명한 대로이다. 이렇듯, 1990년대 이후 모든 정부에서 저출산·고령화, 재정건전성 악화, 노동시장의 경직성 등 일본경제가 안고 있는 다양한 구조적인 문제에 대해 비슷한 내용의 구조개혁안을 발표해 왔던 것이다.

자민당뿐만이 아니라, 2009년 9월에 정권교체를 이루어 낸 민주당도 그해 12월 '신성장전략(新成長戦略)'이라는 이름으로 구조개혁안을 발표하였다. 6대 전략으로는 에너지대국 전략, 건강대국 전략, 아시아경제 전략, 관광입국·지역활성화 전략, 과학·기술입국 전략, 고용·인재전략 등이 제시되었다. 고이즈미 내각 이후 6년간의 정치적, 경제적 혼란기를 끝내고 2012년 12월에 시작된 제2차 아베 내각은 세 번째 화살로 투자를 촉진하는 성장전략을 제시하였다. 그리고 2013년 6월 발표된 '일본재흥전략'에는 보다 구체화된 성장전략이 소개되었다. 민간의 투자를 저해하는 기존의 제도, 법률, 상관행 등을 타파하고, 기업의 신규진입을 촉진하며, 글로벌화에 따른 경제 인프라를 재건하고, 첨단기술의 개발, 실용화를 위해 정부지원을 확대해야 한다는 내용이 포함되었다.

이 밖에도 '일본재흥전략'에는 전부 소개할 수 없을 정도로 많은 내용이 들어있지만 내용상으로는 이전 자민당 정권에서 추진해 온 구조개혁 내지는 장기 성장전략과 큰 차별성이 없었다. 심지어 민주당의 '신성장전략'과 비교해도 국가전략특구, 원전 재가동, 법인세 인하를 제외하면 큰 차이를 보이지 않았다. 그 때문에 아베노믹스의 성장전략은 처음부터 실체가 없는 선전구호에 지나지 않는다는 비판을 받기도 했다.

아베노믹스의 성장전략이 지금까지 등장한 모든 정책의 집대성과도 같은 성격을 갖게 된 이유는 다음의 두 가지를 생각해 볼 수 있다. 첫 번째, 앞서 설명한 대로 일본경제가 안고 있는 구조적인 문제점들이 누구나 동의할 수 있을 만큼 분명한 내용들이기 때문에, 매 정부마다 제시하는 대책도 비슷할 수밖에 없었다. 두 번째는 성장전략을 통해 정부가 할 수 있는 일이 제한적이기 때문이다. 직접적이고 즉시 효과를 기대할 수 있는 총수요 정책과 달리 총공급 정책인 성장전략은 간접적이고 중장기적인 전략이다. 결국 정부는 투자환경을 개선하고, 이를 통해 민간의 투자가 촉진되면 궁극적으로 경제성장을 기대할 수 있고 그 효과는 서서히 나타난다.

아베 내각이 출범하면서 구조개혁보다 양적완화를 강조했던 것은 총공급 제약보다 총수요 부족 문제가 더욱 심각하다는 정책적 판단도 작용했지만, 집권초기에 강력한 경제우선 정책으로 경기회복의 증거들을 보여줘야 하는 입장에서 구조개혁이라는 중장기 카드를 꺼내기란 쉽지 않았기 때문이다.[10]

2001년 4월 고이즈미 총리가 집권했을 때 내각지지율은 80%가 넘었다. 철저한 개혁을 내건 고이즈미 총리는 높은 지지율을 등에 업고 타케나카 헤이죠(竹中平蔵) 경제재정정책담당대신 겸 금융담당대신으로 하여금 성역 없는 구조개혁

---

10) 아베 수상은 미국의 시사잡지 포린 어페어스(Foreign Affairs)와의 인터뷰에서 제2기 아베 정부의 정책적 우선순위는 디플레이션을 제거하고, 일본경제를 회복하는 것이라고 밝힌 바 있다.

을 단행하게 하였다. 그러나 기대와 달리 정권초기에 연속해서 마이너스 성장을 거듭하자 2002년 6월경에는 지지율이 40%대로 떨어졌다. 구조개혁의 성과는 서서히 나타났다. 불량채권 비율이 감소하고 상당수의 좀비기업이 퇴출되었다. 일본기업의 체질개선과 함께 주가가 상승하고 엔저로 인한 수출이 호조를 보이면서 경기가 회복되었다. 이후 고이즈미 총리는 40%대의 지지율을 유지하면서 전후최장기 호황 속에서 2006년 9월에 퇴임하였다. 고이즈미 내각의 2인자였던 관방장관 아베는 경제정책의 성공이 정권에 대한 지지율로 이어진다는 것을 몸소 체험했다.

〈표 2-1〉로 다시 돌아가면 아베노믹스는 중간에 커다란 방향전환을 하게 되는데, 그런 의미에서 2016년 한 해는 아베노믹스에 있어서 변곡점이 되는 시기라고 볼 수 있다. 먼저 양적완화 정책에서 두 번의 큰 변동이 있었다. 2월의 마이너스 금리도입과 9월의 장단기 금리조정의 도입이 그것이다. 그리고 그보다 한 해 앞선 2015년 10월에 아베총리는 다음 3년을 '아베노믹스의 두 번째 스테이지'라고 규정하고 '1억 총활약 사회(一億総活躍社会)'를 목표로 한다고 밝혔다. 동시에 아베노믹스의 새로운 세 개의 화살, 즉 희망을 품은 강한 경제, 꿈을 자아내는 육아지원, 안심할 수 있는 사회보장도 발표되었다. 기존의 세 개의 화살을 강한경제라고 하는 하나

의 화살로 통합하고 새롭게 두 개의 사회보장대책을 추가한 셈이다. 이에 따라 2015년 10월 29일에는 제1회 '1억 총활약 국민회의'가 개최되고 2016년 6월 2일 제9회 회의에서 '일본 1억 총활약 플랜'이 각의 결정되었다. 2016년 이후의 아베노믹스는 양적완화에서 성장전략내지는 구조개혁으로 그 중심이 이동한 것이다.

이러한 아베노믹스의 방향전환을 두고 두 가지 해석이 가능하다. 첫 번째는 그 동안 양적완화 정책이 중심이었던 아베노믹스가 결국 한계에 부딪혔다는 해석이다.[11] 앞서 살펴본 바와 같이 마이너스 금리의 도입과 장단기 금리조정은 기대에 못 미친 양적완화의 효과를 증폭시키거나 부작용을 줄이기 위한 조치였다. 두 번째는 '경기회복의 마중물로 먼저 양적완화를 실시하고, 경기회복 국면이 확실시되면 구조개혁을 단행한다'라고 하는 아베노믹스의 당초 계획대로 진행되고 있다는 해석이다.[12] 소비세 증세로 인해 경기회복 국면이

---

11) 양적완화만으로는 2% 인플레이션 실현이 힘들게 되었고, 소비세율 인상으로 민간 소비가 위축되었으며, 출산율 저하와 고령화로 인한 노동력 감소가 가져온 생산성 저하 문제가 기존의 아베노믹스로는 해결할 수 없다는 사실이 분명해졌다.
12) 아베노믹스의 세 화살은 시간적 순서를 뜻하기도 한다. 먼저 확장적 통화정책을 실시해 디플레이션 탈출의 돌파구를 만들고, 이어서 확장적 재정정책을 실시하여 디플레이션 탈출을 가속화시킨 후, 끝으로 규제완화정책을 통해 지속적인 경제성장을 확고한 것으로 만든다.

꺾이는 바람에 아베노믹스가 출범했을 때 내세웠던 목표에는 미치지 못했으나 2단계 아베노믹스의 구상이 구체화된 2015년 10월 시점은 경기가 저점을 벗어나서 장기적인 관점에서 회복 국면에 들어섰다고 평가할 수 있다. 아베노믹스의 한계를 인정하는 것과 아베노믹스를 절반의 성공으로 평가하는 것은 본질적으로 같은 이야기이다. 어느 쪽이 되었던 아베노믹스가 가동되고 3년의 시간이 흐른 시점에서 새로운 방향전환이 필요했고, 그 결과는 수요 부족 문제보다 공급 제약 문제를 해결하기 위한 성장전략의 구체화였다.

지금까지 아베노믹스가 탄생한 배경과 함께 2016년을 기점으로 아베노믹스가 커다란 방향전환을 했다는 점, 그리고 그에 따라 세 화살의 내용과 목표가 바뀌어 왔다는 점 등에 대해서 살펴보았다. 그렇다면 7년 8개월 간의 아베노믹스에 대해 성적을 매긴다면 어떻게 될까? 구체적인 평가에 대해서는 이어지는 장에서 더욱 자세하게 다루기로 하고, 여기에서는 아베노믹스가 처음 등장할 당시 제시된 수치 목표에 대해서만 살펴보자.

거듭 설명하지만, 당초 아베노믹스의 정책목표는 소비자물가상승률 2%, 명목성장률 3%, 실질성장률 2%였다. 그리고 2단계 아베노믹스에서는 2020년까지 명목GDP 600조 엔을 달성하겠다고 천명했다. 결과적으로 이 모든 목표는 달성되지 못했다. 2012년 명목GDP 495조 엔은 2019년 554조 엔으로 늘어나 7년간 경제규모는 12% 성장했다. 그러나 연간 평균성장률로 바꿔서 생각해보면 2013~19년간 명목성장률은 1.61%, 실질성장률은 0.85%, 소비자물가상승률은 0.89%로 각각 목표치의 50% 정도밖에 달성하지 못했다. 명목GDP 600조 엔이라는 비현실적인 목표치도 코로나19로 인해 경기가 하강 국면에 접어들면서 달성 시점인 2020년에 526조 엔(예측치)으로 주저앉았다. 결국, 수치로 제시된 목표는 단 하나도 달성하지 못한 셈이다. 그렇다면 아베노믹스는 단지 실패한 정책적 실험이었다고 평가해야 할까? 다음 장에서 그에 대한 해답을 찾아보고자 한다.

3

장기불황에서
탈출하였는가?

앞 장에서 우리는 아베노믹스가 수치 목표 달성에는 일단 실패했다는 것을 확인했다. 하지만 그렇다고 해서 아베 집권 시기 내내 불황이 이어졌다고 말하기는 어렵다. 1.61%의 명목성장률과 0.89%의 소비자물가상승률만 봐도 그렇다. 그렇다면 반대로 아베노믹스가 장기불황에서 일본을 구했다고 할 수 있을까? 이 질문에 답하기 위해서는 일본의 장기불황에 대한 이해가 선행되어야 한다.

일본의 장기불황은 1990년대 초반 자산가격의 폭락으로 시작되었다. 1985년 플라자 합의와 그에 따른 엔고불황에 대한 과잉대응이 만들어 낸 버블이 1990~91년을 기점으로 붕괴

되었다. 그 결과 1인당 GDP증가율은 1992년에 0.3%로 떨어졌고, 1993년에는 오일쇼크 이후 처음으로 성장률이 마이너스(-0.2%)로 떨어졌다. 1992년부터 아베노믹스가 등장하는 2012년 12월까지 20년간 일본의 1인당 GDP증가율은 0.6%로 일본은 기나긴 장기불황의 터널을 지나게 된다. 다만 주의해야 할 점은 같은 기간 프랑스(1.0%), 독일(1.1%), 미국(1.6%) 등 다른 선진국들의 성장률도 그리 높지 않았다는 사실이다. 즉, 성장률만 놓고 보면 다른 선진국에 비해 일본이 특별히 낮은 성장률을 기록했다고는 볼 수 없다.

일본의 장기침체가 주목을 끈 이유는 낮은 성장률 때문이 아니라 성장률의 급격한 변화 때문이다. 제1차 오일쇼크에서 회복한 1975년부터 1991년까지 일본은 3.6% 성장한 반면, 같은 기간 프랑스는 1.9%, 독일은 2.5%, 미국은 1.9% 성장했다. 결국, 1990년대 들어서 일본의 성장률 감소폭이 다른 선진국에 비해 가장 급격했기 때문에 '잃어버린'이라는 수식어가 붙게 된 것이다.

일본 장기불황의 특징으로 다음의 두 가지를 생각해 볼 수 있다. 첫 번째, 잠재 GDP 성장률의 하락과 GDP갭의 마이너스가 동시에 나타난다는 것이다. 잠재 GDP는 한 나라 경제가 안정적으로 도달할 수 있는 중장기 성장수준인데 잠재 GDP 성장률이 하락하면 활용 가능한 생산요소를 100% 사용하고도 성장수준이 하락하게 된다. 또한, 잠재 GDP와 실제 GDP의 차를 뜻하는 GDP갭이 마이너스라는 뜻은 현재의 잠재능력만큼 생산능력을 발휘하고 있지 못하다는 것이다. 즉, 일본의 장기불황은 공급 사이드와 수요 사이드에서 모두 문제가 발생했다는 것을 뜻한다.

〈그림 3-1 〉 장기불황기 잠재성장률의 추이(단위: %)

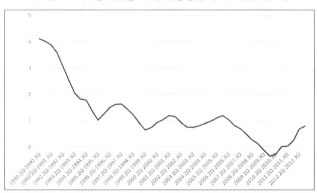

출전: 日本銀行 「需給ギャップと潜在成長率」에서 작성.

두 번째, 장기 디플레이션과 유동성 함정이다. 1995년부터 2012년까지 월평균 소비자물가상승률은 −0.1% 정도인데 이렇게 긴 세월동안 평균 인플레이션율이 마이너스를 기록한 것은 선진국 중에서 일본이 유일하고 이러한 장기간의 디플레이션과 유동성 함정은 연결되어 있다. 유동성 함정은 금리가 이미 제로에 가까운 상태라 통화량을 아무리 늘려도 금리를 내릴 수 없는 경우인데, 장기간의 디플레이션으로 소비자나 기업들이 강한 디플레이션 기대를 형성하게 되면 금리를 내려도 소비나 투자가 반응하지 않는다.

일본 장기불황의 특징 중 하나인 잠재성장률의 하락은 총공급에 문제가 생겼음을 뜻한다. 〈그림 3-1〉에서 보듯이 버블 붕괴 이후 잠재성장률이 지속적으로 하락해 온 것을 확인할 수 있다. 잠재 GDP가 성장하기 위해서는 노동력, 인적자본, 물적자본과 같은 생산요소가 증가하거나 총요소생산성(Total Factor Productivity, 이하 TFP)이 향상되어야 한다. 저출산, 고령화가 가져온 인구구조의 변화는 노동력의 감소를 가져왔다. 일본의 경제활동인구는 1999년부터 줄기 시작하였지만 20~50대의 인구가 정점을 찍은 것은 1995년경의 일이다.

그러나 장기불황기에 총공급 부진을 야기한 것은 단순히 노동력 감소의 문제가 아니었다. Hayashi and Prescott(2002)에 따르면 TFP증가율이 둔화된 것이 1990년대 일본경제 침체의 가장 근본적인 원인이었다. 그들에 따르면 1983~91년의 TFP증가율은 연평균 3.7%였고 같은 기간 경제성장률은 3.6%였다. 그리고 1991~2000년의 TFP증가율은 연평균 0.3%였고 같은 기간 경제성장률은 0.5%였다. 즉, TFP증가율이 급격히 하락했기 때문에 경제성장률도 급격히 하락한 것이다. 결국, 장기불황을 해결하기 위해서는 좀비기업을 퇴출시키고, 부실채권을 줄이며, 생산성이 낮은 공기업들을 민영화하는 등 이른바 구조개혁을 통해 생산성을 높여야 한다는 것이 Hayashi and Prescott(2002)의 결론이다.

〈그림 3-2〉 장기불황기 GDP갭의 추이(단위: %)

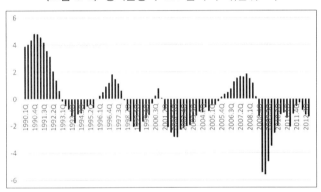

출전: 日本銀行 「需給ギャップと潜在成長率」에서 작성.

일본의 장기불황은 총공급만의 문제는 아니다. 〈그림 3-2〉에서 GDP갭이 마이너스라는 것은 실제 GDP가 잠재 GDP를 밑도는 상태, 즉 총수요 부족을 뜻한다. 버블이 붕괴한 이후 아베노믹스가 등장할 때까지 20여 년 동안 GDP갭이 마이너스로 떨어진 구간을 보면 1993년 1분기부터 1995년 3분기까지, 1998년 1분기부터 2000년 2분기까지, 2001년 2분기부터 2005년 3분기까지, 그리고 2008년 4분기부터 2012년 4분기까지이다. 특히

1990년대 장기불황기에는 1996~97년 정도를 제외하고 GDP갭이 지속적으로 마이너스를 기록한 셈이다. 반면 고이즈미 정권하에서 세계 최초로 양적완화를 실시했던 이자나미 경기(2002년 1월 ~ 2008년 2월) 동안에는 GDP갭이 마이너스에서 플러스로 돌아섰다는 것을 확인할 수 있다. 다시 말해, 총수요 부족이 경기침체의 원인이며 이러한 문제를 해결하기 위해 양적완화를 포함한 다양한 총수요 확대 정책이 필요하다는 것이 Krugman(1998)의 아이디어이다.

〈그림 3-3〉 장기불황기 소비자물가지수 상승률(단위: %)

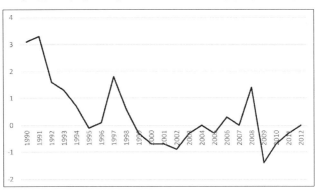

출전: 総務省統計局「消費者物価指数」에서 작성.

한편, 두 번째 특징인 장기 디플레이션과 유동성 함정은 미국이나 유럽의 저성장과는 구별되는 일본만의 특징이다. 〈그림3-3)에서 볼 수 있듯이 일본은 버블 붕괴 이후 소비세 증세 (3%→5%)를 단행한 1997년과 원유가격이 폭등한 2008년을 제외하고 물가수준이 하락해 왔다. 그나마 1990년대에는 물가상승률이 하락하는 디스인플레이션(disinflation) 시대였지만, 2000년대에 들어서는 아예 물가상승률이 마이너스가 되는 디플레이션(deflation) 시대로 접어들었다. 디플레이션이 일상화하고 경제주체들이 디플레이션을 예상하는 이른바 디플레이션 기대(expected deflation)는 버블붕괴 이후 20년 동안 형성되어 왔다고 볼 수 있다.

앞서 설명했듯이 유동성 함정은 이미 금리가 충분이 낮은 수준이라서 더 이상 낮출 수 있는 여력이 없는 상황, 즉 중앙은행의 금리정책이 무력화 된 상황이다. Krugman(1998)은 디플레이션 기대가 일본경제를 유동성 함정에 빠뜨렸다고 보았다. 즉, 경제주체들이 앞으로 디플레이션이 더욱 심화될 것이라고 예상하게 되면, 현재 소비를 미래로 지연시키게 되고 소비감소는 기업의 판매실적을 악화시켜 고용축소와 임금삭감을 가져오며 이는 또 다시 소비감소로 이어진다. 한편 디플레이션 기대는 실질이자율을 상승시켜 투자를 감소시키는 효과도 있다. 결국 소비와 투자의 감소가 또 다른 디플레이션을 가져오고, 이러한 악순환이 결국 디플레이션 스파이럴(deflation spiral)을 만들어 내면서 경제가 디플레이션이라는 늪에 빠지게 된다는 것이다. 이에 대한 Krugman의 처방은 양적완화를 통해 디플레이션 기대를 타파하는 것이다. 적정 수준의 인플레이션율이 확실히 정착될 때까지 무제한적으로 본원통화를 늘리는 정책을 통해 디플레이션 기대를 인플레이션 기대로 전환하면 경제는 디플레이션의 늪에서 빠져나올 수 있다는 것이다.

〈그림 3-4〉 아베노믹스 실시 이후 잠재성장률의 추이(단위: %)

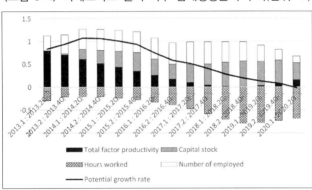

출전: 内閣府 「月例経済報告」에서 작성.

그렇다면 아베노믹스는 일본을 장기불황의 수렁에서 건져낼 수 있었는지에 대해서 살펴보자. 다시 말해 아베노믹스 실시로 인해 일본형 장기불황의 특징인 ①잠재성장률의 하락과 ②GDP갭의 마이너스 문제를 해결할 수 있었는지, 그리고 ③장기 디플레이션과 유동성 함정 문제는 극복되었는지 살펴보자.

먼저 ①잠재성장률의 하락을 반전시킬 수 있었는지부터 보자. 〈그림 3-4〉에서 알 수 있듯이 아베노믹스 실시에도 불구하고 잠재성장률의 하락은 멈추지 않았다. 흥미로운 점은 잠재성장률을 구성하고 있는 항목들에 있다. 일본경제의 잠재성장률 하락을 말할 때 통상적으로 언급되는 것은 저출산·고령화로 인해 생산가능인구가 감소해 노동투입량의 감소를 피할 수 없기 때문에 잠재성장률이 지속적으로 하락한다는 논리이다. 그런데 〈그림 3-4〉에서 볼 수 있듯이, 아베노믹스 실시 이후 노동투입량은 오히려 증가했다.

잠재성장률의 하락 압력으로 작용한 것은 노동투입량의 감소가 아니라, TFP상승률의 하락과 노동시간의 감소였다. TFP상승률은 2010년을 전후로 1% 정도였지만 이후 0.1~0.2% 정도까지 하락했다. 노동시간의 감소는 '일하는 방식 개혁(働き方改革)'의 영향이 컸다. 일하는 방식 개혁은 크게 장시간 노동의 금지, 고용형태에 상관없이 공정한 대우의 실현, 다양하고 유연한 일하는 방식의 실현 등 세 가지 목표를 가지고 추진되었는데, 이 중에서도 시간외 노동의 상한규제 도입 등 장시간 노동의 금지가 가장 큰 효과를 보았고, 다양하고 유연한 일하는 방식의 실현이 가장 실천도가 낮았다.

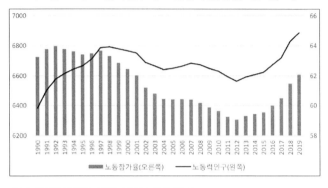

〈그림 3-5〉 노동력인구와 노동참가율(단위: 만 명, %)

출전: 総務省統計局 「労働力調査」에서 작성.

결국, 아베노믹스 실시 이후 생산성의 하락과 노동시간의 감소로 인한 잠재성장률의 저하를 노동참가율의 상승이 간신히 저지하고 있었지만, 잠재성장률 자체를 끌어올리기에는 역부족이었다고 평가할 수 있다. 〈그림 3-5〉에서 2000년대에 들어서 하락추세이던 노동력인구와 노동참가율이 아베노믹스의 시작과 함께 2013년부터 상승추세로 돌아선 것을 확인할 수 있다. 노동참가율은 15세 이상 생산가능인구 중에서 노동력인구(생산가능인구 중에서 일할 의사와 능력이 있는 인구수)의 비중을 나타낸 것인데, 분자에 해당하는 노동력인구의 증가가 노동참가율의 상승 기조를 이끌어냈다고 볼 수 있다.

노동참가율이 상승하게 된 이유는 비노동인구였던 경력 단절 여성과 은퇴한 고령자의 노동시장 재유입이었다. 성장 전략의 한 축인 여성의 활약 촉진이 제창되면서 결혼, 출산, 육아로 경력이 단절된 여성들의 재취업이 활발해졌고, 일손 부족 속에서 주부 파트 노동자에 대한 수요가 상승한 영향도 있었다. 은퇴한 고령자 또한 건강수명의 연장과 고령자고용안정법과 같은 제도 정비의 영향으로 노동시장으로 유턴하였다. 장시간 노동으로 유명한 일본의 노동환경을 생각해보면, 앞으로도 노동시간의 감소는 어쩔 수 없는 흐름이라고 생각해야 한다. 결국, 잠재성장률을 높이기 위해서는 노동참가율이 지금보다 높아지거나, 그게 아니라면 생산성을 지금보다 더 끌어올려야 한다는 결론에 다다른다.

그런데 아베노믹스 실시 이후 잠재성장률의 하락에 브레이크 역할을 하던 노동투입량의 증가는 이제 곧 한계점에 이르게 된다. 지금처럼 임금상승을 동반하지 않고 노동공급이 급증하게 되면, 일정 시점을 지나 노동공급의 속도가 둔화되면서 임금이 상승하는 지점에 도달하게 되는데, 경제학에서는 이러한 지점을 '루이스 전환점(Lewisian turning point)'이라고 한다. 뒤에서 살펴보겠지만 일본의 경우 2019년까지 실질임금이 보합 내지는 미약한 증가추세에 있었기 때문에 코로나19로 인한 갑작스러운 경기 하락이 없었더라면 몇 년 안에 실질임금이 상승추세로 돌아설 가능성이 높았다. 루이스 전환점을 지나 노동공급이 둔화되는 시점이 된 것이다.

〈그림 3-6〉 아베노믹스 실시 이후 GDP갭의 추이(단위: %)

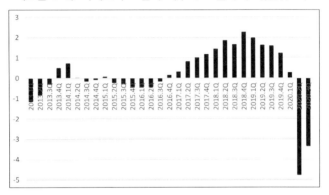

출전:日本銀行「需給ギャップと潜在成長率」에서 작성.

일본의 총인구와 생산가능인구가 감소추세에 있다는 점을 감안하면, 지금처럼 비노동인구를 노동력인구로 밀어내는 방식은 처음부터 한계가 보이는 정책이었다. 예컨대, 지금 100명 중에 60명이 일하고 있는 상황에서, 나머지 40명 중 되도록 많은 사람들이 일하도록 만드는 것이 아베노믹스에서 말하는 '1억 총활약 사회'인데, 이 방법의 한계는 모두가 일을 하게 되더라도 40명 이상의 노동은 공급할 수 없으며, 게다가 전체 인원도 99명, 98명 하는 식으로 해를 거듭하면서 줄어들고 있는 상황(인구감소)이라고 생각할 수 있다. 결국 잠재성 장률의 하락을 멈출 수 있는 방법은 생산성을 향상시키는 것 이외에는 없다는 말이다.

다음으로 ②GDP갭의 마이너스가 플러스로 전환될 수 있었는지 살펴보자. 이를 통해 총수요 부족 문제가 해결되었는지 확인할 수 있는데, 〈그림 3-6〉에서 확인할 수 있듯이 2016년 4분기 무렵부터 GDP갭은 추세상으로 확실히 플러스로 전환된 것을 확인할 수 있다. 코로나19의 확산으로 인해 2020년 2분기부터 GDP갭이 큰폭으로 마이너스를 기록하기는 했지만, 아베노믹스로 인해 유효수요 부족 문제가 어느 정도 해결되었다는 것은 확실하다. 앞서 살펴본 바와 같이 잠재성장률의 하락은 결과적으로 잠재 GDP와 실제 GDP의 격차를 축소시키기 때문에 GDP갭의 플러스 전환이 아베노믹스 효과를 긍정적으로만 해석할 수 없다는 한계를 가지고는 있지만, 장기불황의 원인 중 하나로 지목되었던 총수요 부족 문제가 어느 정도 해소되었다는 점은 부인할 수 없다.

<표 3-1> 지출항목별 성장기여도(단위:%)

		버블경기 1985~1990	이자나미 경기 2002~2007	경기침체기 2008~2012	아베노믹스 경기 2013~2018
명목경제성장률		0.4	0.4	-1.6	1.8
실질경제성장률		1.7	1.7	-0.2	1.2
민간최종소비지출		0.6	0.6	0.7	0.2
민간 투자	주택투자	-0.1	-0.1	-0.1	0.0
	설비투자	0.5	0.5	-0.4	0.5
	재고증감	0.1	0.1	-0.1	0.0
정부최종소비지출		0.2	0.2	0.3	0.2
공적고정자본형성		-0.4	-0.4	-0.2	0.0
순수출		0.8	0.8	-0.4	0.2
수출		1.3	1.3	-0.3	0.7
수입		-0.5	-0.5	-0.2	-0.5

출전: 박성빈(2019) 『아베노믹스와 일본경제의 미래』 박영사, p.341

　수요측면에서 경제성장에 대한 기여도를 나타낸 것이 〈표 3-1〉이다. 이해를 돕기 위해 비슷한 특징을 공유하는 이자나미 경기와 아베노믹스 경기를 비교하며 살펴보자. 두 호황 모두 실질경제성장률이 1%대로 호황이라고는 하지만 명확하게 경기가 좋다고 볼 수도 없고, 그렇다고 불황이라고도 할 수 없는, 말하자면 '저온호황(weak boom)'이라고 평가할 수 있다. 다만 비슷해 보이는 두 호황은 내용상 서로 다른 몇 가지 차이점을 가지고 있다. 이자나미 경기는 민간소비, 설비투자, 수출이 골고루 호황을 이끈 측면이 있는 반면, 아베노믹스 경기는 설비투자가 단독으로 호황을 이끌었다. 이자나미 경기 때는 엔저와 세계경기 호황을 발판으로 수출이 크게 늘고, 고용이 확대되어 민간소비도 크게 신장 되었다. 반면, 아베노믹스 경기 때는 엔저에도 불구하고 수출은 크게 늘지 않았고, 고용은 확대되었지만 민간소비는 부진하였다.

또한 이자나미 경기 동안에는 고이즈미 구조개혁을 통한 공공사업 축소, 공기업의 민영화 등으로 공적투자 규모가 감소한 반면, 재정건전화를 추진하면서도 한편으로 효율적이고 집중적인 재정정책을 펼쳤던 아베노믹스 경기 동안에는 공적 투자 규모에 큰 변화가 없었다. 그 밖에도 이자나미 경기 동안에는 디플레이션 상태였기 때문에 명목경제성장률보다 실질경제성장률이 높지만, 아베노믹스 경기 동안에는 명목경제성장률이 실질경제성장률보다 높아서 미약하나마 인플레이션 상태로 전환되었다는 것도 확인할 수 있다.

아베노믹스 경기 동안 미약하나마 인플레이션이 발생했다면, 마지막으로 ③장기 디플레이션과 유동성 함정 문제는 극복되었을까? 〈그림 3-7〉은 물가지수의 추이를 나타낸 것인데, 앞서 설명했듯이 일본은행이 제시한 2% 물가상승률의 경우, 처음 설정된 '2년 안에 달성'이라는 목표는 물론 최종적으로도 달성하지 못했다. 소비자물가지수(〈그림 3-7〉의 CPI) 상승률은 아베노믹스 경기 동안 평균 1%를 넘지 못했는데, 유일하게 2.7%를 기록한 2014년은 소비세 인상에 의한 효과가

반영되었기 때문이며, 농산물과 석유류를 제외하면 소비자물
가지수 상승률은 더욱 하락하게 된다.

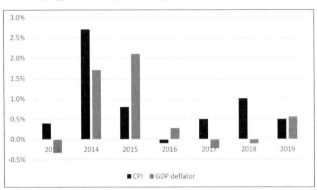

〈그림 3-7〉 아베노믹스 실시 이후 물가지수 추이

출전: 総務省統計局 「消費者物価指数 」,内閣府 「国民経済計算」에서 작성.

GDP디플레이터는 국내에서 생산된 모든 재화와 서비스
의 가격을 반영하지만, 수입제품의 가격변화는 반영하지 않
기 때문에 물가변동의 원인을 국내적 요인으로 설명할 수 있
다. 〈그림 3-7〉을 보면 GDP디플레이터가 2016년부터 플러스
폭이 줄어들어 결국 마이너스로 전환되었다는 사실을 확인
할 수 있다. 여기서 알 수 있는 것은 세 가지인데, 첫 번째는
2016년을 기점으로 아베노믹스가 물가를 밀어올리는 힘이 많
이 약화되었다는 점이다. 2016년 9월에 장단기 금리조정이

시작되면서 양적완화가 한계에 부딪혔다는 것을 일본은행이 자인하게 되고, 이와 때를 같이하여 성장전략 중심의 2단계 아베노믹스가 본격적으로 가동되었다. 결국, 2016년을 기점으로 디플레이션 극복을 기치로 내건 1단계 아베노믹스의 동력은 많이 약화된 셈이다.

두 번째는 GDP디플레이터가 마이너스를 기록했다는 점에서 디플레이션 압력이 내수부문에 존재한다는 사실이다. 통화팽창으로 디플레이션 마인드가 종식되면 인플레이션 기대의 상승으로 소비와 투자가 늘어나고, 기업의 실적이 개선되어 임금이 상승추세에 접어들면 물가는 완만한 상승을 하게 된다, 즉 내수가 살아나면 바람직한 물가상승 추세가 만들어지는데, 이러한 정부의 바람은 결국 실현되지 못했다.

세 번째는 그럼에도 불구하고 디플레이션 상황은 아니라는 점이다. 일본 정부의 디플레이션에 관한 발언은 물론,[13] 〈그림 3-7〉에서도 알 수 있듯이, 현재 일본경제가 디플레이션이 아닌 것은 분명하다. 다만, 그렇다고 디플레이션 탈출을 선언할 정도로 확고한 인플레이션 기조에 들어섰다고 이야기할 수도 없다.

저온호황 아베노믹스 경기의 특징인 '디플레이션 상황

---

13) 일본 정부의 디플레이션 관련 발언은 박성빈(2019) 『아베노믹스와 일본경제의 미래』 박영사, p.345에 잘 정리되어 있다.

은 아니지만 디플레이션 탈출을 선언할 수도 없는 상황'은 결국 디플레이션 마인드를 극복하지 못했다는 방증이기도 하다. 양적완화를 통해 중앙은행에 대한 경제주체들이 가지고 있는 기대14)를 깨뜨려야 디플레이션 마인드를 극복하고 유동성 함정에서 탈출할 수 있다는 것이 Krugman과 리플레이션파의 아이디어였고, 아베노믹스의 첫 번째 화살인 대담한 금융정책은 바로 이러한 목적을 달성하기 위해 야심차게 발사되었다. 하지만 소비자물가지수나 GDP디플레이터를 통해 살펴본 바와 같이 디플레이션 마인드는 완전히 극복되었다고 볼 수 없다.

그런데, 소비자물가지수나 GDP디플레이터가 디플레이션 마인드 그 자체는 아니다. 사실 '디플레이션을 예상하는 경제주체들의 기대'는 눈에 보이는 것이 아니기 때문에 측정

---

14) 1990년대 이전 일본은행의 역할은 과도한 인플레이션이 발생하지 않도록 물가를 안정적으로 관리하는 것이었다. 그러나 버블 붕괴 이후 20년간 디플레이션 마인드가 형성되면서 일본은 더 이상 인플레이션을 신경 쓸 필요가 없게 되었고, 오히려 디플레이션을 걱정하게 되었다. 결국, 아베노믹스 이후 일본은행은 장기 디플레이션 탈출을 위한 완만한 물가상승을 목표로 제시하였지만, 문제는 경제주체들이 여전히 일본은행의 역할에 대한 기대를 바꾸지 않고 있다는 점이다. 즉, 장기 디플레이션에서 벗어나기 위해 일본은행이 지금은 완만한 물가상승을 허용하고 있지만, 실제로 물가상승이 발생하면 일본은행이 지금과는 반대로 물가상승을 억제하기 위해 개입할 것이라고 경제주체들이 예상하고 있기 때문에 전통적인 금융정책으로는 큰 효과를 기대할 수 없다.

이 용이하지는 않다. 다만 BEI(breakeven inflation rate)를 통해 경제주체들의 물가변동에 대한 향후 기대를 간접적으로 파악해볼 수 있는 방법이 있는데, 실제로 일본은행은 디플레이션 마인드가 극복되었는지 아닌지를 판단하는 지표로 바로 이 BEI의 변화를 주목해왔다.

〈그림 3-8〉 아베노믹스 실시 이후 BEI의 추이(단위: %)

출전:財務省 「ブレーク・イーブン・インフレ率の推移」에서 작성.

〈그림 3-8〉과 같이 10년물 BEI는 10년물 명목국채 수익률에서 10년물 물가연동채 수익률을 뺀 값인데, 물가상승을 예상하는 사람들이 많아지면 BEI는 상승하고, 물가하락을 예

상하는 사람들이 많아지면 반대로 하락한다. 즉, BEI가 플러스인지 마이너스인지 그리고 상승추세인지 하락추세인지에 따라서 인플레이션 마인드나 디플레이션 마인드가 얼마나 강한지 알 수 있다.

〈그림 3-8〉에서 알 수 있듯이 아베노믹스 경기 동안 BEI는 줄곧 플러스 상태였다. 그러나 그 폭은 점점 줄어들어 코로나19로 인해 경기가 확실한 하강 국면에 접어들자 마이너스 상태로 전환되었다. 해석해보면, 많은 사람들이 아베노믹스 경기 동안 미약한 인플레이션은 맞지만 앞으로 점점 그 폭이 줄어들어 언젠가는 디플레이션 상태로 되돌아갈 수 있다고 믿었다는 것이 된다. 결국, BEI를 통해서도 '디플레이션 상황은 아니지만 그렇다고 자신 있게 디플레이션을 극복했다고 말할 수 없는 상태'라는 것을 다시 한번 확인할 수 있다.

지금까지 아베노믹스 경기는 일본을 장기불황의 수렁에서 건져낼 수 있었는가? 하는 물음에 대해 장기불황의 특징으로 꼽히는 세 가지 요소를 가지고 살펴보았다. 그 결과, 아베노믹스 경기 동안 ①잠재성장률의 하락은 멈추지 않았지만, ②GDP갭의 마이너스는 어느 정도 극복이 되었다는 사실을 확인하였다. 잠재성장률의 하락은 생산성의 하락과 노동시간의 감소로 인한 결과였다. 노동투입량의 증가가 잠재성장률의 하락 속도를 저지하는 효과는 있었지만, 잠재성장률 자체를 상승 추세로 반전시키기에는 역부족이었다. 그리고 2016년 4분기 이후 GDP갭은 플러스로 전환되어 유효수요 부족 문제가 어느 정도 해결되었다는 것을 알 수 있었다. 그러나 ③디플레이션 마인드를 완전히 불식시키지는 못했다. 장기 디플레이션 상황에서 벗어난 것은 분명하지만 기대 인플레이션율이 충분히 높지 않아 언제든지 다시 디플레이션 스파이럴에 빠질 위험이 있다.

　　일본 장기불황의 원인이 총공급에 있는지, 총수요에 있는지를 둘러싼 논쟁은 일단 총공급 쪽으로 기우는 것 같다. 총수요 정책이 어느 정도 효과를 거둔 상태에서도 완전히 불황에서 탈출할 수 없었다는 것이 그 증거이다. 인구가 감소하는 속에서 생산성 향상을 통한 잠재성장률 상승이 장기불황에서 벗어나기 위한 근본적인 해결책이라고 생각할 수 있다. 또 디플레이션은 화폐적 현상이기 때문에 통화공급을 늘리면 자연스럽게 디플레이션 스파이럴에서 탈출할 수 있다는 리플레이션파의 전제도 현재로서는 수정되어야 할 것으로 보인다. 당초 계획이었던 2배를 훨씬 뛰어넘어 4배 가까이 본원통화를 늘리고도 디플레이션 탈출을 자신 있게 선언할 수 없었기 때문이다.[15]

---

15) 2012년 12월부터 2019년 12월까지 본원통화는 3.96배 증가했다. 물론 본원통화를 늘리는 것과 통화량이 늘어나는 것은 차원이 다른

일본경제의 장기불황을 둘러싼 논쟁

일본 장기불황의 원인을 둘러싼 논쟁에 대해서는 日本大學 경제학부 권혁욱 교수의 연구사(研究史) 정리가 가장 알기 쉽다. 짧게 소개하면 일본경제의 장기불황을 둘러싼 논쟁은 크게 생산성 하락(Hayashi and Prescott 2002)과 유효수요 부족(Krugman 1998)을 저성장의 원인으로 제시하는 연구로 나누어 볼 수 있다.

총공급 측면에서 급격한 생산성 상승률의 하락 원인을 둘러싼 연구는 다음과 같이 세 방향에서 진행되어 왔다. 첫 번째는 시장의 자연선택 메커니즘의 기능부전이다. 기업활동에 대한 정부의 지나친 규제와 경직적인 노동시장으로 높아진 진입장벽이 높은 생산성 수준을 가진 기업의 진입을 어렵게 한다(Fukao and Kwon 2006). 두 번째는 은행의 불량채권 문제를 야기하며 추가대출과 금리감면이 이루어지지만, 회복 가능성이 낮아 효율적인 자원배분을 저해하는 좀비기업의 존재이다(Caballero, Hoshi and Kashyap 2008). 세 번째는 미국에 비해서 일본에서는 ICT 부문에 대한 투자가 충분하지 않았다는 'ICT 투자과소설'이다(Fukao, Ikeuchi, Kim and Kwon 2016).

총수요 측면에서 유효수요 부족의 원인을 둘러싼 연구도 총공급과 마찬가지로 세 방향에서 진행되어 왔다. 첫 번째는 디플레이션에 의한 투자의욕 감퇴(浜田·堀内 2004)와 예비적 동기에 의한 소비감소(祝迫·岡田 2009)이다. 두 번째는 버블 붕괴가 촉발한 밸런스시트 불황을 극복하고 경기를 부양시키기 위한 정부의 확장적인 재정·금융정책이 은행의 부채상환에는 기여한 반면 기업의 설비투자로는 이어지지 않았다는 지적이다(Koo 2003). 세 번째는 일본은행이 디플레이션 기대를 반전시킬만큼 충분한 유동성을 공급하지 않았다는 것이다(岩田 2011).

출전: 권혁욱(2018) 「일본의 생산성 하락과 임금」 서울대학교 일본연구소
　　　경제와경영연구팀 『구조적 대불황기 일본 경제의 진로』 박문사

이야기이다. 이 점에 대해서는 뒤에서 자세히 살펴보도록 하자.

4

화살은 적중하였는가? ──────

이 장에서는 두 번째 평가지표인 아베노믹스의 세 화살이 당초 목표한 바를 이루었는지에 대해 살펴보고자 한다. 구체적으로 ①대담한 금융정책은 디플레이션 마인드를 종식시켰는지? ②기동적인 재정정책은 유효수요 창출과 재정건전화의 양립에 성공하였는지? ③성장전략은 과연 민간투자를 촉진하였는지? 에 대해서 차례대로 검토한다. 다만 성공이냐 실패냐 하는 식의 단순한 결론을 이끌어 내기에는 문제가 그리 간단하지 않다는 것을 염두에 둘 필요가 있다. 예를 들어, 첫 번째, 아베노믹스는 총공급 제약과 총수요 부족을 모두 고려한 종합정책 패키지라는 점에서 세 화살이 서로 유기적으로 연결되어 상호 영향을 주고 받는 부분이 있어 따로 따로 떼어서 평가하기 어려운 점이 존재한다.

두 번째, 아베노믹스 안의 개별정책들이 모순되는 성격을 띠고 있다는 점도 평가를 어렵게 하는 부분이다. 대표적인 것이 기동적인 재정정책인데, 확장적인 재정지출을 통해 유효수요를 창출하면서 동시에 재정건전화를 달성해야 하는 이율배반적인 목표를 가지고 있다. 또 애초에는 정합적이었던 정책이 시간이 흐르면서 모순을 내포하는 경우도 있다. 예컨대, 마이너스 금리를 동반한 양적·질적 완화가 일드커브를 끌어내리면서 장기금리가 마이너스로 떨어지자, 일본은행은 곧바로 장단기금리 조정을 동반한 양적·질적 완화를 실시하는데, 이는 경우에 따라서 일본은행이 국채매입이 아닌 국채매각을 해야 하는 모순되는 상황으로 이어진다. 마이너스 금리의 도입은 애초에는 합리적인 판단으로 평가할 만하지만, 시간이 흐르면서 정책적 모순이 발생하고 결국 이러한 모순을 완화하는 장치를 거듭 보완해 나가야 했다. 즉, 아베노믹스는 시간이 흐르면서 발생하는 동태적 비일관성(time inconsistency)을 보완해 나가며 조금씩 수정되어 온 경제정책이라는 특징이 있어서 시점에 따라 평가가 달라질 수 있다.

세 번째는 아베노믹스가 시간축 정책이라는 점도 평가를 어렵게 하는 요소이다. 2013년 4월 당시 일본 수상관저 홈페이지에 등장한 아베노믹스에 대한 설명은 시간축 정책의 성격을 잘 말해주는데, 우선 시장에 돈을 풀어 디플레이션에서 탈출하고(첫 번째 화살), 그다음 정부지출의 확대로 유효수요를 확대하며(두 번째 화살), 마지막에 규제완화를 통해 비즈니스를 자유롭게 할 수 있는 환경을 조성(세 번째 화살)하는 것이 아베노믹스의 최종목표라고 설명하고 있다. 첫 번째로 지적한 세 화살 간의 상관관계뿐만 아니라 아베노믹스의 입안자들은 세 화살 간의 인과관계를 전제로 하고 있다는 점에서 첫 번째 화살보다는 두 번째 화살, 두 번째 화살보다는 세 번째 화살로 갈수록 명확한 평가를 하기가 어려워지는 부분이 있다. 따라서 이러한 점들을 염두에 두면서, 제시된 세 가지 질문에 대한 답을 통해 아베노믹스의 세 화살이 당초 목표한 바를 이루었는지에 대해 살펴보도록 하자.

가장 먼저 ①대담한 금융정책은 디플레이션 마인드를 종식시켰는지에 대해서 살펴보자. 이미 앞 장에서 검토한 대로 아베노믹스 하에서 미약한 인플레이션은 발생했지만 디플레이션 마인드가 종식되었다고 말하기는 어렵다고 설명했다. 그렇다면 왜 디플레이션 마인드는 종식되지 않았을까? 금융정책이 구조적인 한계에 직면한 것일까? 아니면 대담한 금융정책이 생각했던 것만큼 대담하지 않았던 것일까? 이에 답하기 위해서는 양적완화의 구체적인 내용이 시간이 흐르면서 조금씩 변화해갔다는 사실을 이해할 필요가 있다.

대담한 금융정책은 다섯 개의 시기로 나누어서 생각할
수가 있는데, 시기 구분의 기준이 된 다섯 가지의 '비전통적
인 금융정책'은 각각, 양적완화(Quantitative Easing, QE), 질적
완화(Qualitative Easing, QE), 마이너스 금리정책(Negative Interest
Rate Policy, NIRP), 장단기금리조절(Yield Curve Control, YCC), 향
후지침(Forward Guidance, FG)이다. 이하에서는 다섯 개의 시기별
로 대담한 금융정책의 변화된 내용을 살펴보자.(〈표 4-1〉참조)

〈표 4-1〉 일본은행의 비전통적인 금융정책

	기간	주요정책	본원통화 규모 (양적완화)	자산매입방침 (질적완화)		NIRP	YCC	FG
				장기 국채	ETF/J-REIT			
I	2013. 4. 4~	QQE 도입	60~70조엔	50조엔	1조엔/300억엔			
II	2014.10.31~	QQE 강화	80조엔	80조엔	3조엔/900억엔			
III	2016. 1.29~	NIRP 발표	80조엔	80조엔	3조엔/900억엔	적용		
IV	2016. 9.21~	YCC 발표	목표제시 없음	목표제시 없음	6조엔/900억엔	적용	적용	
V	2018. 7.31~	FG 발표	목표제시 없음	목표제시 없음	6조엔/900억엔	적용	적용	적용

출전: 박성빈(2019) 『아베노믹스와 일본경제의 미래』 박영사, p.254

첫 번째 시기는 2012년 12월 제2차 아베 내각의 출범과
2013년 3월 구로다 일본은행 총재의 취임으로 시작된 양적완
화 정책이 2014년 10월에 확대실시 되기까지 2년이 채 안 되
는 기간이다. 2013년 1월 아베노믹스의 본격시동과 함께 아

베 내각과 일본은행은 금융정책의 조절목표를 금리가 아닌 통화량으로 변경하고, 물가상승률 2%라고 하는 인플레이션 목표를 명시했다. 그리고 이를 위해 일본은행은 장기국채를 적극적으로 매입하겠다는 의사를 밝혔다. 2013년 4월에는 구로다 일본은행 총재가 양적, 질적으로 차원이 다른(異次元) 금융완화(Quantitative Qualitative Easing, QQE)를 실시하겠다고 발표했다. 구체적으로는 소비자물가상승률 2%를 2년 정도 기간 안에 조기에 실현하기 위해서 본원통화를 매년 60~70조 엔씩 2년 내에 2배 정도로 증가시키고, 장기국채보유액도 2배 이상, 이 밖에도 ETF나 J-REIT와 같은 리스크 자산도 적극적으로 매입하겠다고 발표했다.

두 번째 시기는 2014년 10월 양적·질적 완화(QQE)강화를 발표한 이후 2016년 2월 마이너스 금리(NIRP)를 도입할 때까지의 기간이다. 아베노믹스가 실시되고 초기 1년 정도까지만 해도 장미빛 전망이 우세했으나, 2014년 4월의 소비세 인상은 그동안의 성과를 물거품으로 만들어 버렸다. 때를 같이하여 2014년 10월 미국의 제3차 양적완화(QE3)가 종료되자 일본 정부는 디플레이션 마인드가 더 길게 이어질 수도 있다는 불안을 느꼈다. 인플레이션 기대를 환기시킬 수 있는 좀 더 확고한 커미트먼트가 필요했다. 이에 일본은행은 추가적인 양적완화를 선언했다. 본원통화의 증가폭을 60~70조 엔에서 80조 엔으로 늘리고, 장기국채보유액도 50조 엔에서 80조 엔으로 확대했다. ETF는 3조 엔, J-REIT는 900억 엔으로 종전 규모의 3배를 매입하겠다고 발표했다.

세 번째 시기는 2016년 2월 마이너스 금리(NIRP)를 동반한 양적·질적 완화가 도입된 시점부터 같은 해 9월 장단기 금리조정(YCC)을 동반한 양적·질적 완화가 도입된 시점까지이다. 3년째에 접어든 양적완화는 점차 한계를 드러내기 시작하였다. 우선 2년 내에 2%라고 하는 인플레이션상승률 목표달성에 실패했다. 시중은행이 중앙은행에 가지고 있는 당좌예금이 기업대출로 연결되어야 통화량이 늘어나는데 그러지 못했기 때문에 본원통화의 증가가 통화량 증가로 연결되지 못했다.[16] 이는 단순히 목표 달성에 실패한 것으로 끝나는 것이 아니라 구로다 일본은행 총재의 커미트먼트에 대한 신뢰도에 문제가 생겼다는 이야기가 된다. 구로다 총재는 그동안 수차례 강한 어조로 '2년 내에 2%'라는 목표치를 강조해 왔기 때문에 일본은행의 공약이 지켜지지 않았다는 인상이 강하게 남았다.

---

16) 본원통화의 증가가 통화량 증가로 연결되지 않는 상황은 종종 발생할 수 있다. 예컨대, 밸런스시트 불황에 처해 있는 기업들이 채무최소화를 위해 신규차입을 줄일 경우, 본원통화가 늘어나도 통화량은 늘지 않는다. 또는 장기침체기에 부실채권으로 골머리를 앓은 은행이 대출에 보수적으로 나설 경우에도 통화량은 늘지 않을 수도 있다.

이러한 상황에서 마이너스 금리의 도입[17]은 전반적인 시중 금리의 하락을 유도해 기대 인플레이션을 상승시켜 소비 및 투자를 확대할 수 있을 뿐만 아니라, 엔화 가치의 평가절하를 유도하고 일본 수출 기업의 가격 경쟁력을 제고하여 수출 확대 및 성장률 개선을 도모할 수 있다는 점에서 긍정적으로 평가할 수 있다. 그러나 이미 제로금리인 상황에서 추가적인 금리하락의 여지가 거의 없었고, 기업의 투자심리가 살아나지 않는 속에서 실질금리의 하락이 가져오는 투자의 진작효과는 미미했다. 인구고령화 문제가 심각한 일본의 경우 노령층의 주소득원인 이자수입의 감소로 소비가 오히려 감소할 수도 있었다. 무엇보다 가장 큰 문제는 마이너스 금리의 도입으로 은행의 수익성이 악화될 우려가 있다는 점이다. 장기금리의 하락으로 예대마진(利ざや)이 축소되어 규모가 작은 지방은행의 경영난이 특히 심각해졌다.[18] 결국 예대마진의 축소는 은행의 신용공급 축소를 가져오고 대출축소로 인한 기업의 유동성 악화가 우려되는 상황마저 발생하였다.

---

17) 마이너스 금리란 금융기관의 일본은행 당좌예금 중 일부에 –0.1%의 금리를 적용함으로써 사실상 당좌예금에 대한 수수료가 발생하는 구조였다. 마이너스 금리는 2012년 이래 유럽 4개국(덴마크 2012년 7월, 스웨덴 2014년 7월, 스위스 2014년 12월, 헝가리 2016년 3월)의 중앙은행 및 ECB(2014년 6월)에서 도입하였다.
18) 마이너스 금리 정책의 결과 지방은행 이익감소 폭(-15%)이 대형은행 이익감소 폭(-8%)의 2배에 달했다.

네 번째 시기는 2016년 9월 장단기 금리조정(YCC)을 동반한 양적·질적 완화가 도입된 시점부터 2018년 7월 향후지침(FG)이 발표되기까지 2년이 채 안되는 기간이다. 일본은행은 2016년 9월에 지금까지의 양적·질적 완화에 대해 '총괄적 검증(総括的検証)'을 실시했다. 총괄적 검증이 필요했던 이유는 기존의 양적·질적 완화로 2년 내에 2%라는 목표달성에 실패하였고, 거액의 국채매입도 한계에 다다랐으며, 마이너스 금리도입이 이렇다 할 효과를 발휘하지 못했기 때문이었다. 그 결과 장기금리는 0% 수준을 유지하도록 국채를 매입하고(즉, YCC), 물가상승률이 안정적으로 2%를 상회하는 수준까지 통화공급의 확대를 지속하겠다는 오버슈팅 커미트먼트(overshooting commitment)를 두 개의 축으로 하는 장단기 금리조정을 동반한 양적, 질적 금융완화를 실시하게 되었다.

　　그렇다면 이러한 장단기 금리조정을 동반한 양적·질적 완화는 정책목표를 달성할 수 있을 것인가? 두 가지 점에서 한계를 지적하지 않을 수 없다. 첫 번째는 장단기 금리조정이 과연 가능한 정책인지에 대한 의문이다. 전통적인 금융정책은 단기금리를 조정함으로써 정책목표를 실현하고, 장기금리는 금융정책의 영향을 받으면서도 궁극적으로는 시장참가자의 기대에 의해 결정된다. 결국 장기금리는 조정하기도 쉽지 않고, 시장을 왜곡하면서까지 조정하는 것이 반드시 바람직하다고 볼 수도 없다.

두 번째는 두 가지 핵심축이 서로 모순되는 시그널을 보내고 있다는 점이다. 장기국채의 금리를 마이너스가 되지 않도록 관리하겠다는 장단기 금리조정은 경우에 따라서 국채매입을 축소할 수도 있다는 것이다. 이는 일본은행이 지금까지 실시해 온 금융완화와 정반대의 노선을 취할 수도 있다는 뜻이며, 결국 아베노믹스의 핵심인 대담한 금융정책이 한계에 이르렀음을 자인한 셈이다. 그래서 일본은행은 오버슈팅 커미트먼트, 즉 정책목표를 달성하더라도 당분간은 양적완화를 멈추지 않을 것을 약속함으로써 기대 인플레이션을 제고하고자 했다. 즉, 설령 2%라는 물가상승률 목표가 달성되더라도 일본은행은 양적완화를 멈추지 않을 테니 안심하고 소비와 투자를 확대하라는 약속을 한 셈이다.

다섯 번째 시기는 2018년 7월 향후지침(FG)을 제시한 이후 현재까지인데, 향후지침이란 중앙은행이 금리 수준에 대한 시장 예측에 영향을 미치기 위해 미래 정책 방향을 외부에 알리는 조치이다. 일본은행은 향후지침을 통해 장기적으로 현재의 저금리 수준을 지속할 것을 천명했다. 그러면서도 한편으로는 0% 수준으로 유도해오던 장기금리 목표치를 유연화해서 일정 부분 금리상승을 용인하겠다고도 밝혔다. 앞서 장단기 금리조정의 두 가지 핵심축이 서로 모순된다고 했는데, 마찬가지로 향후지침도 저금리 수준을 유지하면서 일정 부분 금리상승을 용인하겠다는 점에서 모순되는 성격을 가진다고 평가할 수 있다. 결국, 2016년 9월 이후로 일본은행이 앞으로 금융완화를 강화하겠다는 뜻인지, 아니면 반대로 출구전략을 구사하겠다는 뜻인지 경제 주체들에게 보내는 시그널이 모호해졌다고 볼 수 있다. 이를 반영하듯, 2016년 9월 이후 일본은행은 본원통화 규모의 목표도 제시하지 않게 되었다. (〈표 4-1〉참조)

〈그림 4-1〉 본원통화와 통화량의 추이(단위: 조 엔)

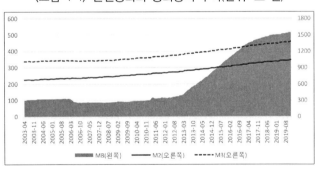

출전: BOJ Time-Series Data에서 작성.

앞서 던진 질문으로 다시 돌아가 보자. 디플레이션 마인드는 어째서 종식되지 않았을까? 금융정책이 구조적인 한계에 직면한 것일까? 아니면 대담한 금융정책이 생각했던 것만큼 대담하지 않았던 것일까? 지금까지 살펴본 바에 의하면 '대담한 금융정책'은 2016년 무렵에 구조적인 한계에 직면했다고 보는 것이 적절하다. 구체적으로 2016년 9월부터 시작된 장단기 금리조정의 경우, 기본적으로는 국채를 매입하면서도 경우에 따라서 매각할 수도 있다는 정책적 모순을 내포하고 있다. 그리고 이러한 일본은행의 모호한 태도 때문에 디플레이션 마인드가 장기화될 것을 우려해, 2% 이상의 물가상승도 용인하겠다는 오버슈팅을 커미트먼트하면서 정책적 모순을 완화하는 장치를 보완하고 있다. 2018년 7월부터 실시된 향후지침도 마찬가지이다. 일정 부분 금리상승을 용인하겠다는 발표로 디플레이션 마인드가 장기화될 것을 우려한 나머지 현재의 저금리 수준은 유지하겠다는 공약을 내건 것이 향후지침이기 때문이다.

그렇다면 규모면에서 금융정책은 어떻게 평가할 수 있을까? 처음 의도한 대로 대담하게 실시되었을까? 2012년 12월부터 2019년 12월까지 7년 동안 본원통화(〈그림 4-1〉의 MB)는 3.96배 증가했다. 고이즈미 시기의 이자나미 경기를 이끈 요인은 좀비기업의 퇴출과 부실채권의 정리와 같은 구조개혁의 성과와 함께 양적완화가 견인한 엔저가 수출증대로 이어졌기 때문이라는 분석이 많다. 그러나 그럼에도 불구하고 디플레이션이 완전히 종식되지 않은 상황에서 양적완화를 서둘러 끝낸 일본은행에 대한 비판이 적지 않았다. 게다가 2008년 글로벌 금융위기가 발생하자 앞다투어 양적완화의 규모를 확대해간 FRB나 ECB와 달리, 일본은행은 주저하면서 좀처럼 본원통화의 규모를 늘리지 못했고, 결국 심각한 엔고 상황을 맞이하게 되었다. 이는 버블 붕괴의 경험이 뼈아픈 실책으로 각인되어 있었기 때문인데, 당시 일본은행의 출구전략이 너무 늦었다는 비판은 훗날 두고두고 일본은행을 괴롭히게 되었다. 그런 의미에서 아베노믹스의 '대담한 금융정책'은 일본은행이 과거의 정책 실패에 대한 일종의 트라우마를 극복하고 전향적인 자세로 돌아섰다는 점에서 높이 평가할 만하다.

문제는 본원통화가 늘어난 만큼 실제로 통화량이 늘어나지 않았다는 것이다. 〈그림 4-1〉에서 확인할 수 있듯이, 2012년 12월부터 2019년 12월까지 통화량(M3)은 2.1배 늘어나는데 그쳤다. 통화량이 늘어나지 않은 원인은 본원통화가 아니라 통화승수에 있다. 통화량=본원통화×통화승수 만큼 늘어나기 때문에 본원통화가 늘어나도 통화승수가 감소하면 통화량은 기대한 만큼 늘어나지 않는다. 실제로 같은 기간 통화승수는 8.7에서 2.7로 큰 폭으로 감소했다. 통화승수는 왜 감소했을까? 본원통화의 규모는 일본은행이 조절할 수 있지만, 통화승수는 민간과 시중은행의 의사결정에 의해 많은 영향을 받는다. 예컨대, 민간이 대출받기를 꺼리거나 은행이 대출해 주기를 꺼려하면 신용승수는 하락한다.

　　그런데 마이너스 금리라는 비전통적인 금융정책을 단행한 일본의 경우, 시중은행이 중앙은행에 예치하고 있는 당좌예금의 일부에 마이너스 금리(수수료)를 매겨서 은행이 대출에 좀 더 적극적으로 나서도록 하는 효과가 있다. 이러한 마이너스 금리정책이 2016년 2월 이후 계속 적용되고 있었으므로 시중은행은 울며 겨자 먹기 식으로 열심히 대출을 할 수밖에 없었다. 그럼에도 불구하고 통화승수가 하락했다는 것은 민간이 대출받기를 꺼려하고 있다는 것을 의미한다. 즉, 기업들은 낮은 금리에도 불구하고 불확실한 미래 등 다른 이유로 인해 대출을 받아 신규로 투자하는 것을 꺼려하고 있다는 뜻이다.

　　7년간의 양적·질적 완화는 일본은행의 자산을 비정상적으로 확대시키는 결과도 가져왔다. 일본은행의 대차대조표를 보면 2012년 12월 31일 기준 158조 엔이었던 자산이 7년 뒤인 2019년 12월 31일 기준 573조 엔까지 늘었다. GDP대비 32%에서 104%까지 늘어난 셈이다.[19] 늘어난 일본은행의 자

---

19) 일본은행의 자산은 코로나19의 확산으로 인해 폭발적으로 증가하기 시작했다. 2021년 1월 말 기준 자산은 701조 엔에 달하고, 그 중에서 국채는 533조 엔까지 늘어났다.

산은 대부분 국채가 차지했다. 같은 기간 일본은행이 소유한 국채는 자산의 72%(113조엔)에서 84%(481조 엔)로 늘었다. 디플레이션에서 탈출하기 위해 일본은행은 국채를 매입하는 방식으로 시중에 유동성을 공급해 왔지만, 정부가 발행한 국채가 일본은행으로 흡수되면서 결국 정부 부채의 화폐화(debt monetization)에 대한 비판이 끊이지 않게 되었다. 엔이 국제금융시장에서 주요통화라는 점이 과도한 인플레이션이나 국채에 대한 신뢰 붕괴에 이르지 않는 이유이기는 하지만 그렇다고 마냥 안심할 수만도 없는 상황임은 분명하다.

〈그림 4-2〉 일반회계 세출, 세수, 공채발행액 (단위: 조 엔)

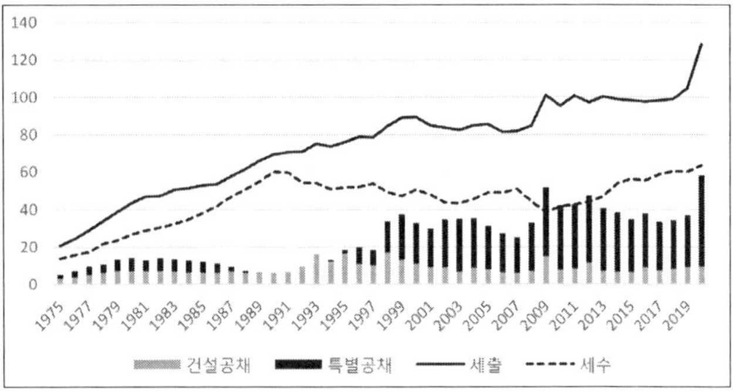

주: 회계연도 기준.
출전: 財務省 홈페이지에서 작성.

다음으로 두 번째 화살이 제대로 과녁에 적중하였는지 살펴보자. 두 번째 화살인 ②기동적인 재정정책이 유효수요 창출과 재정건전화의 양립에 성공하였는지 여부를 확인할 필요가 있다. 먼저 충분한 정부지출이 이루어졌는지에 대해서 살펴보면, 결과적으로 아베노믹스 하에서 정부지출의 드라마틱한 증가가 일어났다고 말하기는 어렵다. 〈그림 4-2〉는 일본의 일반회계 세출, 세수, 공채발행액을 나타낸 것이다. 1990년대 이후 고령화로 인해 복지 부담이 증가했지만 장기 불황으로 인해 세수가 감소하면서 일명 '악어 입' 모양으로 세출과 세입의 간격이 벌어져 온 것을 확인할 수 있다. 부족한 세수는 공채를 발행해서 메울 수밖에 없는데, 이 때문에 1990년대 말부터 재정적자를 보전하기 위해 적자국채(특별공채)의 발행이 대폭 늘어난 것을 확인할 수 있다.

한편, 아베노믹스가 본격화된 2013년부터 2019년까지 세출규모를 보면 큰 변화 없이 매년 100조 엔 정도를 지출해 왔다는 것을 알 수 있다. 그리고 그와는 대조적으로 두 번의 소비세 증세로 인해 세수 규모는 47조 엔에서 60조 엔으로 늘어났다는 것도 확인할 수 있다. 세수가 늘어나도 세출이 늘지 않으니 자연히 공채발행액은 감소해서 2013년에 40조 엔에서 2018년에는 최저 34조 엔까지 감소했다.[20] 과감한 재정투입이 일어난 시점은 코로나19로 경기침체가 명확해진

2020년부터이다. 2020년에는 사상 최대규모(128조 엔)의 세출이 집행되었는데 이로 인해 줄어가던 공채발행액도 58조 엔으로 대폭 늘어났다.

　　여기까지 보면 기동적인 재정정책은 유효수요 창출보다는 재정건전화에 주력한 듯한 인상을 받는다. 아베노믹스가 설계될 당시 재정지출의 방향성은 다음의 세 가지였다. 첫 번째는 대담한 금융정책을 보조하면서 디플레이션 탈출을 위한 원활한 유효수요를 창출하는 것이고, 두 번째는 민간투자를 촉진하는 성장전략에 연동되는 분야에 중점적으로 재정지원을 하는 것이며, 세 번째는 동일본 대지진을 계기로 재해 예방조치 확대를 위한 재정투입을 확대하는 것이었다. 이 중 1단계 아베노믹스에서는 첫 번째 화살인 대담한 금융정책을 보조하는 차원에서 유효수요를 창출하는 역할이 강조되었다면, 2단계 아베노믹스에서는 세 번째 화살인 성장전략에 연동성이 강한 분야에 집중적으로 재정투입이 이루어졌다고 볼 수 있다. 결국, 아베노믹스 경기 동안 정부지출의 규모 자체가 크게 변화하지 않았다는 점에서, 기동적인 재정정책은 적극적인 재정지출이라기보다 예산지출의 중점화와 효율화에 역점을 두었다고 봐야 한다.

---

20) 2019년에는 다시 37조 엔으로 늘어났다.

〈그림 4-3〉 일반회계 세수와 기초재정수지
(단위: 조 엔, GDP대비 %)

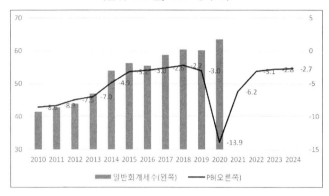

주: 2020년부터는 추계치
출전: 財務省 홈페이지 및 IMF(2020) *Fiscal Monitor*에서 작성.

　재정건전화는 얼마만큼 달성하였을까? 2013년 1월 예산
편성 당시의 기본방침은 2015년까지 GDP대비 기초재정수지
(〈그림4-3〉의 PB)의 적자 수준을 절반으로 감소시킨 뒤 2020
년에는 흑자화를 달성하는 것이었다. 그러나, 〈그림 4-3〉에
서 볼 수 있듯이 2020년에 GDP대비 기초재정수지는 여전히
적자를 벗어나지 못해 결과적으로 목표달성에는 실패했다.
목표달성을 위해 2014년 4월 한 차례 소비세 증세(5%→8%)
를 단행한 이후 두 차례 연기 끝에 2019년 10월 2차 증세(5%
→8%)를 단행하면서 세수는 2013년에 47조 엔에서 2020년에
는 64조 엔까지 확대되었다.

〈표4-2〉 아베노믹스의 성장전략

1 단 계 아 베 노 믹 스	2013년	「일본재흥전략-Japan is BACK-」 (2013년 6월 14일)
		▲ 세 개의 액션플랜(「일본재흥전략 플랜」「전략시장창조 플랜」「국제전개전략」) ▲ 「국가전략특구」 ▲ 성과목표(KPI) 리뷰에 의한 PDCA사이클 실시
	2014년	「『일본재흥전략』개정2014-미래에 대한 도전-」(2014년 6월 24일)
		▲ 세 개의 액션플랜 ▲ 여성의 활약촉진, 일하는 방식 개혁(働き方改革) ▲ 농림수산업·헬스케어산업의 육성, 지역활성화, 중견·중소기업·소규모사업자 혁신
	2015년	「『일본재흥전략』 개정2015-미래에 대한 투자·생산성혁명-」(2015년 6월 30일)
		▲ 미래투자에 의한 생산성혁명 ▲ 로컬 아베노믹스의 추진 ▲ 「개혁2020」(성장전략을 가속화하기 위한 관민 프로젝트)의 실행
2 단 계 아 베 노 믹 스	2016년	「일본재흥전략2016-4차 산업혁명을 향해서-」(2016년 6월 2일)
		▲ 600조 엔을 향한 「관민전략 프로젝트1.0」 ▲ 생산성 혁명을 실현하기 위한 규제·제도 개혁 ▲ 이노베이션의 창출, 챌린지 정신을 갖춘 인재의 육성
	2017년	「미래투자전략2017-『Society 5.0』 실현을 향한 개혁-」(2017년 6월 9일)
		▲ Society 5.0을 향한 전략분야 ▲ Society 5.0을 향한 공통기반강화(横割課題)
	2018년	「미래투자전략2018-『Society 5.0』『데이터 구동형 사회』로의 변혁-」(2018년 6월 15일)
		▲ 4차 산업혁명 기술이 가져오는 변화와 새로운 전개: 「Society 5.0」 ▲ 「Society 5.0」 실현을 위한 중점 분야, 변혁을 견인하는 Flagship Project ▲ 경제구조혁신의 기반 만들기
	2019년	「성장전략(2019)」(2019년 6월 21일)
		▲ 성장전략 실행계획(「Society 5.0」「전세대형 사회보장의 개혁」「인구감소 속에서 지방시책의 강화」) ▲ 성장전략 추적조사

출전: 溝端幹雄(2020)「成長戦略の通信簿：歩みの遅い構造改」『大和総研調査季報』Vol.37

그러나 목표달성이 어려울 것이라는 예상은 이미 두 번째로 2차 증세를 연기한 2017년 4월 무렵부터 전문가들 사이에서 흘러나오기 시작했다. 결국, 2018년 6월 '경제재정 운영과 개혁 기본방침(일명 骨太方針)'에서 GDP대비 기초재정수지 흑자화 달성 시기를 2025년으로 연기했다. 하지만 이는 실질성장률이 2%를 유지한다는 가정 하에 무려 2년이나 달성 시기를 앞당긴 무리한 계획이었고, 현재 코로나19로 인해 재정지출이 폭증하고 있는 현실에 비추어보면 GDP대비 기초재정수지 흑자화는 2030년 이전에 달성될 가능성이 거의 없어 보인다.

마지막으로 세 번째 화살인 ③성장전략이 과연 민간투자를 촉진하였는지에 대해서 검토해보자. 2장에서 설명했듯이, 아베노믹스의 성장전략은 처음부터 실체가 없는 선전구호에 지나지 않는다는 비판을 받기도 했다. 아베 정부의 성장전략은 2013년 6월 14일 '일본재흥전략'이라는 타이틀로 처음 공개된 이후, 2019년 6월 21일 '성장전략(2019)'까지 7년 동안 7개의 성장전략이 발표되면서 조금씩 그 성격이 변화해왔다. (〈표 4-2〉 참조) 크게 보면, 전반부 3개의 성장전략이 1단계 아베노믹스에 해당하고, 후반부 4개의 성장전략은 2단계 아베노믹스에 해당한다고 볼 수 있다.

1단계 아베노믹스의 경우, 양적완화를 통한 디플레이션 마인드 극복이 핵심정책이고 성장전략은 이를 바탕으로 민간투자를 촉진하기 위한 규제 완화에 주력했다고 볼 수 있다. 반면, 2단계 아베노믹스의 경우, 총공급 제약을 타파하기 위한 성장전략 그 자체가 핵심이었기 때문에, 성장전략의 방향이 생산성 혁명과 신성장 산업의 지원 등으로 그 성격이 변화해갔다고 볼 수 있다. 다시 말해 성장전략이 과연 민간투자를 촉진하였는지에 대한 질문은 1단계 아베노믹스에서만 성립하기 때문에, 2단계 아베노믹스까지 포함한다면 생산성 향상이나 신성장 산업의 성장 여부에 대한 질문까지 포함해 성장전략의 성과를 평가할 필요가 있다.

질문에 답하기에 앞서 두 단계의 아베노믹스로 나누어 실시된 7개의 성장전략에 대해 간단히 살펴보도록 하자. 먼저, 1단계 아베노믹스 하에서 2013년 성장전략은 기존산업의 재흥, 새로운 전략산업의 육성, 국제화를 세 개의 액션플랜으로 하며, 지역 한정으로 규제 완화를 촉진하는 국가전략특구가 만들어졌다. 또 성장전략의 진척상황을 관리하기 위해 각 정책의 목표치를 수치로 명기한 KPI(Key Performance Indicator)를 설정하기도 했다. 2014년 성장전략에서는 이러한 세 개의 액션플랜에 더해 여성의 활약 촉진과 일하는 방식의 개혁이 제창되었으며, 2015년 성장전략에서는 아베노믹스의 성과를 지역으로 확대하는 한편(로컬 아베노믹스), 2020년 도쿄 올림픽을 모멘텀으로 성장전략을 가속화하는 「개혁2020」이 추가되었다.

2단계 아베노믹스의 시작을 알린 2016년 성장전략은 2020년까지 GDP 600조 엔이라는 목표제시와 함께 생산성 혁명에 포커스를 맞추었다. AI의 경제 사회에 대한 영향력을 의식한 2017~18년 성장전략에는 「Society 5.0」이나 「데이터 구동형 사회」라는 새로운 키워드가 등장했다. 이 시기의 성장전략에서는 규제의 샌드박스 제도도 이목을 끌었는데, 샌드박스 제도는 시행착오를 거치면서(learning by doing) 실증 데이터를 모아 사후적으로 규제 완화의 여부를 판단하여 신속하게 대처할 수 있는 장점이 있다. 아베노믹스의 마지막 성장전략이 된 2019년 성장전략은 「Society 5.0」의 실현에 더해, 지금까지의 성장전략을 총괄하는 「전 세대형 사회보장의 개혁」과 「인구감소 속에서 지방시책의 강화」를 큰 축으로 재구성하였다.

이러한 성장전략의 성과를 평가하는 것은 앞선 금융정책과 재정정책을 평가하는 것보다 훨씬 어렵다. 세 화살이 서로 유기적으로 연결되어 있어 상호 영향을 주고받는 것은 물론, 인과관계로 연결된 시간축 정책의 마지막 결과가 성장전략이므로 정확한 평가를 내리기가 쉽지 않기 때문이다. 여기에서는 2013년 성장전략에서 처음 등장한 KPI를 통해 성장전략의 목표 달성 여부를 평가해 보고자 한다. 앞서 설명한 대로, KPI는 성장전략의 진척상황을 관리하기 위해 각 정책의 목표치와 달성 시기를 수치로 명기한 것이다.

<表 4-3> 2020년 목표달성 성장전략의 진척상황

	A	B	合
전체	39	41	80
Ⅰ. 「Society 5.0」 실현을 위한 향후 중점분야 그리고 변혁을 이끌어내기 위한 Flagship Project	20	19	39
「생활」「산업」의 변화	7	8	15
①차세대 모빌리티 시스템 구축(자율주행 자동차의 보급, 로봇 생산시장의 확대 등)	2	2	4
②차세대 헬스케어 시스템 구축(건강수명의 연장, 전자 진료기록의 보급, 로봇 개호기기의 시장확대)	5	4	9
③차세대 산업 시스템(공장 등에서 데이터를 수집하는 기업의 비율 향상)	0	2	2
경제활동의 「먹거리」의 변화	9	1	10
①에너지·환경(가정용 연료전지 에네팜의 보급, 상용수소 스테이션의 정비 등)	7	1	8
②핀테크/캐시리스 사회의 실현(80군데 이상 은행에서 오픈 API의 도입 등)	2	0	2
「행정」「인프라」의 변화	2	2	4
①전자정부의 실현(비지니스 환경 랭킹 선진국 3위 이내 진입)	1	2	3
②차세대 인프라 유지보수 시스템의 구축 등 인프라 관리의 고도화	1	0	1
③PPP/PFI 수법의 도입 가속(PPP/PFI의 사업규모 확대)	-	-	-
「지역」「커뮤니티」「중소기업」의 변화	2	8	10
①농림수산업 전체에 걸친 개혁과 스마트 농림수산업의 실현(6차산업의 시장규모 확대 등)	1	1	2
②마치즈쿠리와 공공교통 및 ICT활용 연계에 의한 스마트시티 실현(800개 지방공공단체에서 IoT활용)	0	1	1
③중소기업과 소규모 사업자의 생산성 혁명 강화(서비스산업의 노동생산성 향상 등)	0	2	2
④관광, 스포츠, 문화예술(방일 외국인 여행자수 및 소비액 확대 등)	1	4	5
Ⅱ. 경제구조혁신 기반 만들기	19	22	41
데이터 구동형 사회의 공통 인프라 정비	13	15	28
①기반 시스템, 기술에의 투자 촉진(정보처리안전확보지원사 3만 명 이상)	2	0	2
②AI시대의 인재육성과 최적활용(해외대학으로의 유학 확대, 25~44세 여성취업율 향상 등)	7	11	18
③이노베이션을 위한 대학개혁과 산학관 연계, 벤처 지원(특허수 확대)	2	3	5
④지적재산, 표준화전략(국제표준화기관에서 간사국 역할 확대)	2	1	3
대담한 규제 및 제도 개혁	1	1	2
①샌드박스 제도의 활용과 플랫폼형 비즈니스 대두로 인한 룰 정비	-	-	-
②투자촉진/코퍼레이트 거버넌스(대기업의 ROA를 구미기업 수준으로 향상)	-	-	-
③국가전략특구의 추진	1	1	2
해외의 성장시장 확대	5	6	11
① 「Society 5.0」의 국제전개와 SDGs달성(인프라 시스템 수주액 인상)	1	1	2
②일본기업의 국제전개 지원(중견·중소기업 수출액 및 현지법인 매상액 증대)	2	4	6
③일본의 매력을 살리는 정책(대내직접투자액 증대, 방송 컨텐츠 관련 해외매상액 증대)	2	1	3

출전: 溝端幹雄(2020) 「成長戦略の通信簿：歩みの遅い構造改革」『大和総研
調査季報』 Vol.37

<표 4-3>은 2020년을 달성 시기로 제시한 성장전략을 대상
으로 다이와 소켄(大和総研)이 정책들의 목표달성 여부를 조사
한 것이다. A는 목표한 시기까지 수치 목표를 달성하는데 성공

한 정책의 숫자이고, B는 반대로 목표달성에 실패한 정책의 숫자이다. 예컨대, '「생활」「산업」의 변화와 관련한 정책은 총 15개인데, 그 중에서 2020년까지 목표달성에 성공한 정책은 7건이고, 실패한 정책은 8건이라고 해석할 수 있다. 이를 보면, 에너지, 환경 등 '경제활동의 「먹거리」 변화'와 관련한 정책들은 90% 가까이 목표를 달성했다고 볼 수 있고, 반대로 「지역」「커뮤니티」「중소기업」의 변화'와 관련한 정책들은 20%밖에 달성하지 못했다는 것을 알 수 있다. 전체적으로는 목표달성에 성공한 정책비율이 50%(39건/80건)가 채 되지 않는 것을 확인할 수 있다.

〈그림 4-4〉 아베노믹스 실시 이후 명목·실질 GDP(단위: 조 엔)

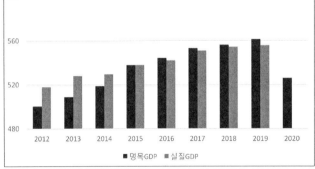

주: 2020년은 추계치.
출전: IMF(2020) *World Outlook Databases*에서 작성.

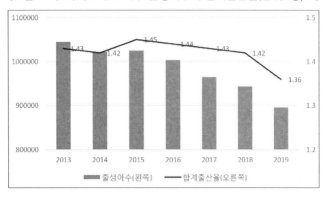

〈그림 4-5〉 아베노믹스 이후 출생아수와 합계출산율(단위: 명, %)

출전: 構成労働省 「人口動態統計」에서 작성.

끝으로 2단계 아베노믹스에서 제시된 수치 목표의 달성 여부에 대해서도 살펴보자. 2016년에 제시된 성장전략에서는 첫 번째로 희망을 품은 강한 경제(2020년까지 명목 GDP 600조 엔 달성), 두 번째로 꿈을 자아내는 육아지원(2025년까지 출산율 1.8% 달성), 세 번째로 안심할 수 있는 사회보장(개호이직 제로 달성)이라는 새로운 세 개의 화살이 제시되었다. 이 중에 개호이직 제로라는 목표에 대해서는 명확히 판단할 수 있는 자료가 부족하므로 나머지 두 개의 목표 달성 여부에 대해서만 살펴보도록 하자. 〈그림 4-4〉에서 알 수 있듯이, 아베노믹스 실시 이후 명목 GDP는 성장했음에도 불구하고, GDP가 가장 높았던 2019년(561조 엔) 조차도 600조 엔 달성에는 실패했으며, 그마저도 코로나19가 강타한 2020년에는 큰 폭으로 주저앉았다. 2025년까지 출산율을 1.8%로 끌어올리는 목표 또한 〈그림 4-5〉의 추세를 보건대, 달성하기는 쉽지 않아 보인다.

이 장에서는 아베노믹스의 세 화살이 당초 목표한 바를 이루었는가? 하는 물음에 대해 ①대담한 금융정책은 디플레이션 마인드를 종식시켰는지? ②기동적인 재정정책은 유효수요 창출과 재정건전화의 양립에 성공하였는지? ③성장전략은 과연 민간투자를 촉진하였는지? 에 대해서 차례대로 살펴보았다.

먼저 첫 번째 화살인 대담한 금융정책이 디플레이션 마인드를 종식시키지는 못했다는 결론을 다시 한번 확인한 후, 왜 디플레이션 마인드가 불식되지 못했는지에 대해서 추가적으로 검토하였다. 즉, 금융정책이 구조적인 한계에 직면한 것인지 아니면 대담한 금융정책이 생각만큼 대담하지 못했던 것인지에 대해서 살펴보았다. 결론적으로 대담한 금융정책은 2016년에 구조적인 한계에 직면했지만, 버블 붕괴 이후 오랜 세월 가지고 있던 통화팽창에 대한 부담감을 과감히 떨쳐낸 일본은행의 대담성은 평가할 필요가 있다. 다만 민간의 투자심리가 살아나지 않아 일본은행이 기대한 만큼 통화량은 늘지 않았고, 일본은행의 자산을 비정상적으로 확대시키는 결과로도 이어졌다.

두 번째 화살인 기동적인 재정정책은 적극적인 재정지

출이라기보다 예산지출의 중점화와 효율화에 초점이 맞춰져 있었으며, 재정건전화는 개선되었지만 GDP대비 기초재정수지의 흑자화 달성에는 실패했다. 세 번째 화살인 성장전략은 7년 동안 규제 완화에서 생산성 향상으로 그 중심이 이동해 왔으며, 2020년을 달성 시기로 제시한 정책들의 달성 비율은 50% 정도였다.

5

경로는 작동하였는가?

　　아베노믹스의 양적완화 정책은 본원통화의 증가가 기대 인플레이션율의 상승을 가져온다는 소위 이와타(岩田) 방정식을 기반으로 제시된 것이었다.[21] 〈그림 5-1〉에서 보는 바와 같이, 이와타 방정식에 기반한 아베노믹스의 전달경로는 본원통화의 증가가 기대 인플레이션율의 상승을 가져오고, 이것이 엔저, 실질금리의 하락, 주가의 상승으로 그리고 다시 수출증대, 투자증대, 소비증대로 이어져 결국, 기업의 수익증대, 임금 상승, 소비자물가의 상승이라는 선순환을 가져온다는 아이

---

21) 일본은행의 부총재(2013년 3월 20일~2018년 3월 19일)였던 이와타 키쿠오(岩田規久男)는 본원통화와 기대 인플레이션율 간의 상관계수가 0.9라고 계산하고, 이를 바탕으로 기대 인플레이션율이 1% 상승하면 환율은 20엔 평가절하, 주가는 4,500엔 상승한다고 주장했다.

디어였다. 즉, 아베노믹스의 당초 설계상으로 본원통화를 270조 엔 늘리면 소비자물가상승률 2%는 무난히 달성될 것으로 보였다.

〈그림 5-1〉 아베노믹스의 전달경로

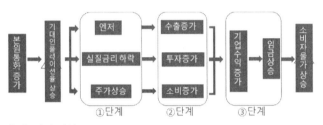

출전: 필자 작성.

앞 장에서 지금까지 검토한 내용을 바탕으로 우리는 〈그림 5-1〉의 첫 부분과 마지막 부분에 대한 평가를 내릴 수가 있다. 우선 아베노믹스 실시 이후 본원통화는 처음 목표치(2배)를 뛰어 넘어 4배 가까이 늘어났기 때문에 충분히 대담했다고(○) 할 수 있다. 하지만 기대 인플레이션율의 상승은 플러스를 유지하면서도 지속적으로 하락했던 BEI에서 알 수 있듯이 절반의 성공(또는 실패)(△)으로 평가할 수 있다. 마지막의 소비자물가 상승도 아베노믹스 실시 이후 물가상승률이 0.89%였으므로 상승한 것은 맞지만 목표치(2%)에는 도달하지 못했으므로, 마찬가지로 절반의 성공(또는 실패)(△)으로 평가할 수 있다. 이처럼 이 장에서는 아베노믹스의 전달경로가 당초 의도한 대로 잘 작동하였는지에 대해, 〈그림 5-1〉과 같이 경로를 세 단계로 나누어서 살펴보고자 한다.

〈그림 5-2〉 달러/엔 환율의 추이(월평균, 단위: 엔)

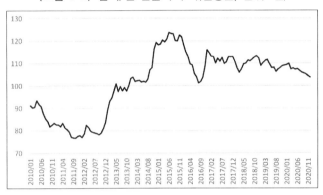

출전: BOJ Time-Series Data에서 작성.

먼저 아베노믹스 ①단계 경로(엔저, 실질금리 하락, 주가 상승)는 잘 작동하였는지에 대해서 검토해보자. 〈그림 5-2〉는 달러/엔 환율의 추이를 나타낸 것이다. 달러/엔 환율은 2012년 12월 80엔대에서 2015년 6월 120엔대까지 상승하면서 본격적인 엔저 시대가 시작되었다. 2016년에는 신흥국의 경기침체, 브렉시트, 유가 상승의 지체 등으로 안전자산인 엔의 수요가 급증하면서 일시적으로 100엔대까지 엔의 가치가 절상되었지만, 미국 대선이 마무리되고 불확실성이 제거되면서 엔의 가치는 다시 하락하였다.

비록 코로나19로 인해 2020년부터 엔고 기조가 확실해졌지만, 그 이전인 2017~19년은 1달러당 110엔을 중심축으로 환율이 비교적 안정적인 움직임을 보여주었다. 아베노믹스 실시 전후로 환율의 움직임을 구분해 보면 명확히 아베노믹스 실시 이전과 비교해서 이후에 엔저가 달성된 것은 확실하다. 다만 2016년의 사례에서 볼 수 있듯이, 엔의 가치는 본원통화의 공급만으로 결정되는 것이 아니라 국제금융시장에서 엔에 대한 수요에도 많은 영향을 받는다는 사실은 주지할 필요가 있다.

〈그림 5-3〉 닛케이 평균 주가지수 추이(월평균, 단위: 엔)

출전:https://indexes.nikkei.co.jp/nkave 에서 작성.

실질금리 하락은 큰 변화가 없었다. 아베노믹스 경기 동안 명목금리가 이미 제로에 가까운 상태에서 기대 인플레이션율 또한 뚜렷한 상승세를 보이지 않았기 때문에 실질금리가 큰 폭으로 하락하지는 않았다. 마지막으로 주가는 큰 폭으로 상승했다. 〈그림 5-3〉에서 확인할 수 있듯이, 2012년 12월 닛케이 평균주가는 8,000엔대였으나, 2017년에는 20,000엔대를 돌파하였다. 코로나19로 인해 2020년 연초에 주가가 일시적으로 급락하기까지 2017~19년 동안 주가는 20,000~25,000엔대에서 등락을 반복하였다. 정리하면, 아베노믹스 실시 전후를 비교해, 달러/엔 환율은 30~40% 평가절하되었으며(○), 실질금리 하락 폭은 그렇게 크지 않았고(△), 주가는 3배 가까이 상승(○)했다.

〈그림 5-4〉 아베노믹스 실시 이후 수출입액과 무역수지(단위: 조 엔)

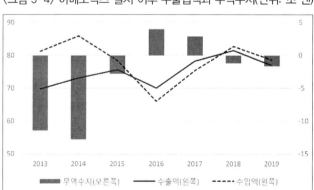

출전: 財務省関税局 「貿易統計」에서 작성.

다음으로 〈그림 5-1〉에서 아베노믹스 ②단계 경로(수출 증가, 투자증가, 소비증가)가 잘 작동하였는지 살펴보자. 〈그림 5-4〉는 아베노믹스 실시 이후 수출입액과 무역수지를 나타낸 것이다. 2013~19년 동안 수출액은 70~80조 엔 대를 유지했으며, 같은 기간 수입액도 비슷한 규모를 유지하였다. 무역수지는 2016~17년에 일시적으로 소폭의 흑자를 기록하기도 하였지만, 아베노믹스 동안 적자를 기록할 때가 많았다.

사실 일본의 무역수지 적자는 2011년 이후 고착화하였다. 동일본대지진이 발생한 2011년은 후쿠시마 원전사고로 인해 원자력발전소 가동이 중단되면서 발전용 원유 수요가 급증했기 때문에 일시적으로 무역수지 적자폭이 확대되었지만, 아베의 재집권으로 일본의 탈원전 정책은 동력을 상실했기 때문에 무역수지는 개선될 것으로 기대되었다. 그러나 이후에도 무역수지는 흑자로 돌아서지 않았다. 동일본대지진, 국제유가 급등, J커브 효과 등 여러 요인들을 감안해도 무역수지 적자의 고착화를 완벽히 설명하지는 못한다. 이는 일본의 경제구조 변화와 깊은 관계가 있는데 7장에서 좀 더 자세히 살펴보도록 하자.

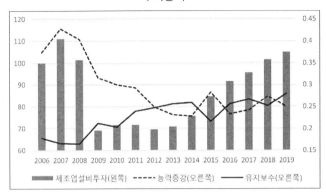

〈그림 5-5〉 기업들의 제조업 설비투자 규모(2006년=100)와
투자동기

출전: 財務省「法人企業統計調査」에서 작성.

이제 투자와 소비는 늘어났는지 살펴보자. 〈그림 5-5〉
에서 볼 수 있듯이, 글로벌 금융위기 이후 급감한 제조업 설
비투자는 아베노믹스 이후 조금씩 회복세로 돌아섰다. 하지
만 문제는 설비투자의 내용이었다. 신규설비 투자와 관련한
능력증강 부문 투자는 글로벌 금융위기 이전의 수준을 회복
하지 못했다. 반면 기존 설비의 유지보수 동기의 투자는 같
은 기간 조금씩 늘어나서 2016년 이후 설비투자의 25% 이상
을 차지했다. 2018년에는 일시적으로 능력증강 투자가 유지
보수 동기의 투자를 앞서기도 했지만, 2019년에는 다시 재역
전되어 현재 제조업 설비투자의 가장 큰 동기는 기존 생산시
설의 유지보수라고 할 수 있다.

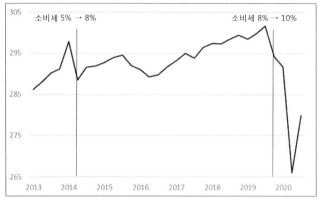

〈그림 5-6〉 가계 최종소비지출의 추이(단위: 조 엔)

출전: 内閣府 「国民経済計算」에서 작성.

　　한편, 아베노믹스 이후 소비심리가 조금씩 살아나는 듯했지만 두 번의 소비세 인상은 민간소비를 제자리로 돌려놓았다. 〈그림 5-6〉에서 볼 수 있듯이 소비세 증세는 명백히 소비심리에 찬물을 끼얹었다. 300조 엔 근처에서 제자리걸음하던 민간소비는 결국 코로나19로 인해 바닥으로 곤두박질쳤다. 정리하면, 아베노믹스 실시 전후를 비교해, 수출은 늘지 않았고(×), 기업의 설비투자는 늘었지만, 신규설비 투자보다 기존 설비의 유지보수 관련 투자가 늘었다(△). 민간소비는 두 번의 소비세 증세로 인해 부진하였다(×).

〈그림 5-7〉 기업의 영업이익 추이(단위: 조 엔)

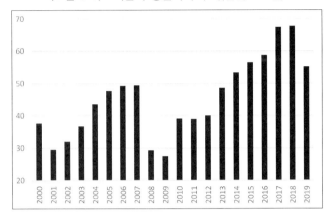

출전: 財務省「法人企業統計調査」에서 작성.

마지막으로 〈그림 5-1〉에서 아베노믹스 ③단계 경로(기업의 수익증대, 임금 상승)가 잘 작동하였는지 살펴보자. 〈그림 5-7〉은 금융보험업을 제외한 전산업에 걸친 기업의 영업이익을 나타낸 것이다. 2019년에는 감소하기도 했지만, 아베노믹스 이후 기업의 영업이익은 명백히 개선되어 2017~18년에는 경상이익 83조 엔, 영업이익 67조 엔이라는 사상 최고치를 기록했다.

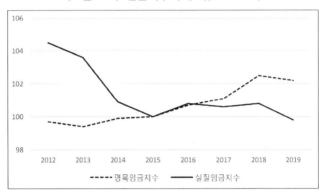

〈그림 5-8〉 임금지수의 추이(2015=100)

주: 5인 이상 사업장 기준, 명목임금지수는 현금급여총액 기준.
출전: 財務省「法人企業統計調查」에서 작성.

　　반면, 임금 상승의 폭은 기대치를 밑돌았다. 〈그림 5-8〉
에서 볼 수 있듯이, 아베노믹스 이후 명목임금은 상승세로 돌
아섰고, 실질임금의 하락추세는 멈추었다. 그러나 매년 춘투
(春鬪)에서 아베 총리가 임금 상승을 읍소해 온 사실에 비추
어볼 때, 실질임금이 상승추세로 반전되지 못했다는 점은 결
과적으로 아베 정부의 기대치에는 훨씬 못 미치는 실적이라
고 평가할 수 있다. 다만 이는 고용상황이 개선되었기 때문
에 평균임금이 감소하는 효과가 컸고,[22] 연령, 직종별 차이

---

[22] 고용상황이 개선되면서 신규진입한 노동자가 늘어나 전체 노동자
　　들의 평균근속년수가 저하되었는데, 이로 인해 평균임금은 하락할
　　수 있다.

를 고려할 때 전체적으로 임금수준은 정체된 분야와 상승한 분야가 혼재되어 있었다. 정리하면, 아베노믹스 실시 전후를 비교해, 기업의 수익은 증대하였고(○), 임금은 보합 내지는 미약한 증가추세였다(△).

이 장에서는 아베노믹스의 전달경로가 당초 의도한 대로 잘 작동하였는지에 대해, 〈그림 5-1〉과 같이 경로를 세 단계로 나누어 ①단계 경로(엔저, 실질금리 하락, 주가 상승)는 잘 작동하였는지? ②단계 경로(수출증가, 투자증가, 소비증가)는 잘 작동하였는지? ③단계 경로(기업의 수익증대, 임금 상승)는 잘 작동하였는지? 에 대해서 차례대로 살펴보았다. 검토 결과를 종합한 것이 〈그림 5-9〉이다. ①단계 경로(엔저, 실질금리 하락, 주가 상승)는 대체로 성공적이었다고 평가할 수 있는 반면, ②단계 경로(수출증가, 투자증가, 소비증가)는 대체로 실패했다고 보는 것이 타당하다. 마지막 ③단계 경로(기업의 수익증대, 임금 상승)는 ①단계와 마찬가지로 대체로 성공적이었다고 평가해야 할 것이다.

<그림 5-9> 아베노믹스의 전달경로

출전: 필자 작성.

문제는 왜 이와타 방정식이 의도한 결과대로 나타나지 않았는가 하는 점이다. 즉, 아베노믹스의 전달경로가 제대로 작동하지 않은 이유이다. 본원통화의 증가가 기대 인플레이션율의 상승을 가져오고, 이것이 엔저, 주가의 상승을 가져왔지만, 그다음 단계인 수출증대, 투자증대, 소비증대로는 이어지지 않았다. 하지만, 그럼에도 불구하고 두 번째 단계를 뛰어넘어 세 번째 단계인 기업의 수익은 증대하였다. 이를 어떻게 해석해야 할까? 처음부터 인과관계가 잘못 설정되었거나, 인지하지 못하는 사이에 구조적인 변화가 발생했을 가능성이 있다. 다음 장에서는 아베노믹스의 전달경로가 의도한 대로 작동하지 않은 이유를 추측해볼 수 있는 두 가지 설명을 제시하고자 한다.

6
아베노믹스를
둘러싼 퍼즐

아베노믹스를 둘러싼 첫 번째 퍼즐은 환율과 기업의 이익에 관한 것이다. 〈그림 5-9〉로 돌아가보자. 아베노믹스의 양적완화는 엔저와 주가 상승을 가져왔지만 ②단계 경로(수출증가, 투자증가, 소비증가)를 통하지 않고, 그다음 단계인 기업의 수익증가를 가져왔다. 먼저 엔저와 주가 상승이 기업의 수익증가로 직접 이어질 수 있는지 살펴봐야 한다. 주가 상승이 자산가격의 상승을 통해 기업의 재무상황을 개선하는 효과를 발휘할 수 있다는 것은 쉽게 이해할 수 있다. 그런데 엔저는 수출을 통하지 않고 어떻게 기업의 이익을 증대시킬 수 있었을까? 해답은 일본경제가 더 이상 무역대국(貿易立国)이 아닌 투자대국(投資立国)이라는 점에 있다.

<〈그림 6-1〉 경상수지의 추이(단위: 조 엔)>

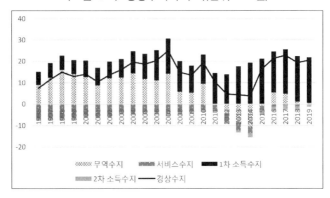

출전: 財務省 「国際収支統計」에서 작성.

　〈그림 6-1〉은 이러한 상황을 잘 말해준다. 일본의 무역
수지는 2011~15년 동안 5년간 적자를 기록했는데 이는 1980
년 이후 무려 31년 만에 겪는 무역적자였다.[23] 이후 2016~17
년에 잠시 무역수지가 흑자로 전환되기도 했지만, 2018~19년
에는 다시 적자로 돌아섰다.[24] 그럼에도 불구하고 경상수지

---

23) 무역통계 기준이며, 국제수지통계를 기준으로 하면 1963년 이후 48
　년 만에 겪는 적자이다.
24) 무역통계와 국제수지통계는 집계방식과 범위가 달라 무역수지(국
　제수지통계의 경우 상품수지)에 약간의 차이가 발생할 수 있다. 무
　역통계 기준으로 작성된 〈그림 5-4〉는 무역수지를 보여주고 있지만,
　엄밀히 말해 국제수지통계 기준으로 작성된 〈그림 6-1〉은 무역수지
　가 아닌 상품수지를 보여준다. 문제는 무역수지로 계산할 경우 일본
　은 2018~19년에 적자를 기록했는데, 상품수지로 계산하면 같은 기
　간 소폭의 흑자를 기록했다는 것이다. 본서에서는 혼란을 피하기
　위해 무역수지를 기준으로 설명한다.

는 항상 흑자를 기록하였는데, 2000년대 중반 이후 경상수지 흑자를 견인한 것은 소득수지 흑자였다.[25] 고도성장기 이후 무역수지 흑자는 항상 소득수지 흑자를 압도해 왔지만 2005년에 처음으로 소득수지 흑자가 무역수지 흑자를 앞질렀고, 이후 현재까지 그 격차는 점점 확대되고 있다. 특히 무역수지 적자구조가 고착화된 2011년 이후 경상수지 흑자는 이른바 해외에서 벌어들이는 1차 소득수지를 통한 수익이 대부분이었다.

아베노믹스의 전달경로 중에서도 엔저가 수출증가를 가져올 것이라는 인과관계는 가장 많은 논쟁을 불러일으킨 경로이기도 하다. 〈그림 6-2〉에서 무역수지의 변화를 보면 대략적으로 2010년까지는 엔화가 절상될 경우 무역수지가 감소하고, 반대로 엔화가 절하될 경우 무역수지가 증가하는 경향을 보였다. 그런데 2011년을 기점으로 2012~15년에는 급격한 엔화의 절하가 있었음에도 불구하고 무역수지는 오히려 적자를 기록했다. 엔저가 무역수지 흑자로 이어지지 않은 이유는 무엇일까? 먼저 2011년은 앞서 언급한 대로 원자력발전소 가동 중단으로 발전용 원유수요가 급증했기 때문이다. 또한 2011~14년

---

25) 2014년 1월에 공표 된 새로운 국제수지통계에 따라, 경상수지는 무역수지, 서비스수지, 1차 소득수지(고용자보수, 직접투자와 증권투자에 의한 배당금, 이자 등의 수입), 2차 소득수지(무상자금, 기부, 증여 등) 등으로 구성된다.

의 국제유가 상승도 무역수지 적자폭을 확대시켰다. 일본은 원유의 대부분을 중동에서 수입하는데, 같은 기간 중동지역으로부터의 수입액은 매년 평균 11%씩 증가하였다. J커브 효과를 감안하면 아베노믹스 이후 급격한 엔화 절하에도 불구하고 무역수지 적자가 당분간 유지되었을 가능성도 있다.[26]

〈그림 6-2〉 무역수지(조 엔)·환율(달러/엔)·
유가(배럴당 달러)의 동향

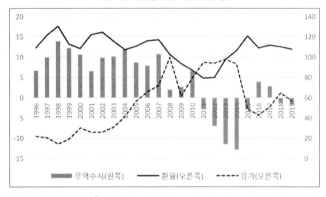

출전: 財務省関税局 「貿易統計」, BOJ Time-Series Data, FRED Economic Data에서 작성.

---

26) J커브 효과란 환율의 변화가 무역수지의 변화를 가져오기까지 시차가 존재하는 것을 의미한다. 예컨대, 엔화 가치가 하락하면 일시적으로 수입가격이 상승하여 오히려 무역적자 폭이 확대되지만 중장기적으로는 수출가격의 하락으로 무역수지가 개선된다.

그러나 이러한 여러 가지 이유들이 2011년 이후 무역수지 적자의 고착화를 완벽히 설명해 주지는 못한다. 후쿠시마 사고로 구체화된 일본의 장기적 탈원전 정책은 이듬해 아베의 재집권으로 그 동력을 잃게 되었다. 원전의 재가동과 함께 2014년 6월 배럴당 105달러를 정점으로 국제유가도 하락세로 돌아서 이후 배럴당 30달러 수준까지 하락했다. 이에 따라 중동지역으로부터의 수입액도 큰 폭으로 감소해 2014년 이후 총수입액에서 원유수입액이 차지하는 비율은 10% 이하로 떨어졌다. 통상 J커브 효과에 의해 엔저의 무역수지 개선효과가 발현되기까지는 시간이 걸리는데, 일본의 경우 엔화가 절하된 후 1년이 지나지 않아 무역수지가 개선된다고 알려져 있다. 결국, 동일본대지진, 국제유가 급등, J커브 효과 등으로는 무역수지 적자의 고착화를 완벽히 설명할 수 없다는 뜻이다.

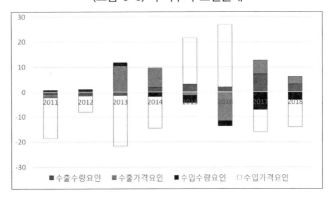

〈그림 6-3〉 무역수지 요인분해

주: 2010년(=100)기준 전년대비 변화량.
출전: 財務省「国際収支総括表」를 참조하여 계산.

일반적으로 엔의 가치가 평가절하되면, 단기적으로는 외화로 계약한 수출입가격이 상승한다. 그러나 시간이 지나면서 수입금액 확대와 함께 수입수량이 축소되고, 현지판매가격의 인하와 함께 수출수량이 확대되면서 점차 무역수지가 개선된다. 즉, 무역수지의 변화에는 수출수량요인, 수출가격요인, 수입수량요인, 수입가격요인이 모두 영향을 미친다. 그런데, 2011~18년 일본의 무역수지에 영향을 미친 요인을 분해해보면 〈그림 6-3〉에서와 같이 무역수지가 변화하는데 있어 가장 영향력이 큰 요인은 수입가격요인이고 그다음이 수출가격요인이다. 엔저 시기인 2013~14년에는 수입가격요인의 마이너스효과가 수출가격요인의 플러스효과 보다 더 컸고, 국제유가가 하락한 2015년에는 수입물가의 하락으로 수입가격요인이 큰 폭의 플러스효과를 기록했다. 유가하락과 엔고가 겹친 2016년에는 수입가격의 플러스효과가 수출가격의 마이너스효과를 상쇄했다. 결국, 2011년 이후 일본의 무역수지는 수량요인보다 가격요인의 영향력이 훨씬 컸다고 볼 수 있다.[27)

당시 경제재생담당대신(経済再生担当大臣) 아마리 아키라(甘利明)는 엔저 속에서도 무역수지가 흑자로 전환되지 않는 이유에 대해, 신흥국경제의 부진으로 수출이 늘지 않는 점, 많은 기업들이 생산 거점을 해외로 이전했다는 점, 엔저에도 불구하고 기업이 해외시장에서 판매가격을 낮추지 않았다는 점을 들었다. 이 중에서 신흥국경제의 부진은 동일본대지진, 원유가격의 급등과 같은 외생적 충격으로서 글로벌 금융위기 이후 환율변화보다 수출에 더 많은 영향을 미치는 것으로 밝혀졌다. 반면, ①현지생산 거점의 증가와 ②환율의 수출가격 영향력 감소는 일시적 충격이 아닌 수출구조의 변화 내지는 기업행동의 변화를 바탕으로 한다는 공통점이 있다. ①은 '수입금액 확대와 함께 수입수량이 축소'되는 효과를, ②는 '현지판매가격의 인

---

27) 실제로 아베노믹스 이후 1~2년 동안은 엔저에도 불구하고 수출수량이 글로벌 금융위기 이전 수준을 회복한 정도에서 큰 변화 없이 유지되었다. 실질 수출수량이 늘기 시작한 것은 오히려 엔고 시기인 2016년부터 2018년까지였다.

하와 함께 수출수량이 확대'되는 효과를 상쇄하여, 결국 엔저에도 무역수지의 개선효과는 기대하기 어렵게 된다.

현지생산 거점의 증가 자체는 무역수지를 개선시킬 수도 악화시킬 수도 있다.[28) 즉, 수출유발효과가 커지면 무역수지가 개선되고, 반대로 수출대체효과나 역수입효과가 커지면 무역수지가 악화될 수도 있다. 글로벌 금융위기 이후 엔고 속에서 일본기업들이 아시아의 생산거점을 활용한 국제분업을 더욱 강화했고, 그 결과 엔저 상황이 오히려 부품 수입액을 증가시켰기 때문에 무역수지가 개선되지 못하는 측면이 있었다. 글로벌 금융위기 이후, 수입의 60%는 중국을 포함한 아시아 지역에 집중되어 있었고, 전자부품과 전산기기부품 등은 対아시아 주요 수입품목이었다. 즉, 아베노믹스가 불러온 엔저가 무역수지 개선에 기여하지 못한 이유 중 하나는, 해외생산비율의 증가로 수출대체효과와 역수입효과가 큰 구조 하에서 엔저로 인해 수입물가가 상승했기 때문이다.

엔저가 무역수지 개선에 기여하지 못하는 또 하나의 이유는 환율의 변화가 무역재의 가격변화에 반영되는 정도(전

---

28) 수직적 직접투자의 경우, 해외현지법인에 대한 자본재 및 부품의 수출로 수출이 증가하는 효과(수출유발효과)가 발생할 수 있다. 반면 수평적 직접투자의 경우, 해외현지법인이 국내 생산을 대체하여 수출이 감소하는 효과(수출대체효과)와 해외현지법인이 생산한 재화(부품)를 수입하는 효과(역수입효과)가 발생할 수 있다.

가율)가 하락했기 때문이다. 앞서 아마리 장관의 발언 속에서 '엔저에도 불구하고 기업이 해외시장에서 판매가격을 낮추지 않았다'는 것은 환율이 수출물가에 미치는 영향력이 감소하고 있다는 것을 뜻한다. 예를 들어, 엔의 가치가 하락하면 시차를 두고 달러표시 수출가격이 하락하면서 수출량이 늘어나 무역수지가 개선된다. 그러나 전가율이 낮으면 엔저에도 불구하고 달러표시 수출가격은 하락하지 않는데, 몇몇 연구에 의하면, 일본의 경우 이러한 전가율은 시간이 흐르면서 점점 하락하는 추세를 보이고 있다. 결국, 엔저에도 불구하고 달러표시 수출가격을 그대로 유지하는 기업들이 많았고, 그 결과 엔화 환산가격이 상승하면서 수출은 늘지 않았지만 기업들은 환차익에 해당하는 수익을 기대할 수 있었다.

일본기업들이 환율변화에 상관없이 현지의 판매가격을 안정화하려는 행동(pricing to market)을 취했기 때문에 환율변동이 무역수지에 영향을 미치기 어려웠다. 일본기업들의 현지 판매가격 안정화 행동은 1985년 플라자 합의 후 엔고불황을 극복하는 과정에서 광범위하게 관찰되었다. 엔의 평가절상에도 기업들은 현지의 달러표시 가격을 올리지 않고 안정적으로 유지하면서 환차손을 감내해야 했다. 그러나 그 때문에 영업이익이 하락해도 시장점유율은 유지할 수 있었다. 아베노믹스가 가져온 엔저상황에서 기업들은 플라자 합의

후 엔고 때와는 반대로 달러표시 가격을 낮추지 않고 안정적으로 유지하면서 환차익을 얻을 수 있었다.

〈그림 6-4〉 수출물가지수(2015년=100)

출전: BOJ Time-Series Data에서 작성.

〈그림 6-4〉를 보면, 계약통화베이스(일반적으로 달러)의 수출물가지수가 엔베이스의 수출물가지수보다 변동폭이 작다는 것을 알 수 있다. 이는 계약통화베이스의 수출물가지수가 엔베이스 수출물가지수보다 전가율이 낮다는 것을 의미한다. 게다가 일본의 경우 수출에서 40%, 수입에서 20% 정도 엔화를 사용하고 있는데, 이 때문에 엔저 상황에서 계약통화베이스의 수출물가가 하락하는 폭보다 계약통화베이스의 수입물가가 상승하는 폭이 더 커서, 결국 엔저는 무역수지 적자

폭을 확대시킬 가능성이 있다.

정리하면, 엔저에도 불구하고 무역수지 적자가 고착화된 이유는, 엔저가 수입금액을 확대시킬 뿐 수출가격의 하락과 수출수량의 증가에는 기여하지 않았기 때문이다. 엔이 평가절하되면, 단기적으로는 외화로 계약한 수출입가격이 상승한다. 그러나 시간이 지나면서 수입금액 확대와 함께 수입수량이 축소되고, 현지판매가격의 인하와 함께 수출수량이 확대되면서 점차 무역수지가 개선된다. 그러나 2011년 이후 일본에서는 이러한 메커니즘이 작동하지 않았다. 일본기업의 해외생산거점 증가는 역수입효과로 인해 엔저 속에서 수입금액을 확대시켰다. 반면 일본기업들의 현지 판매가격 안정화 행동은 수출가격을 내리지 않았고, 그 때문에 수출수량이 큰 폭으로 증가하지도 않았다. 결국 이러한 무역구조의 변화 속에서 기업들의 전략이 변하면서, 결과적으로 엔저 속에서도 무역수지는 개선되지 않았다.

지금까지 아베노믹스로 인한 엔저는 수입금액의 상승을 가져오지만 수출가격의 하락이나 수출수량의 증가를 동반하지 않았고, 따라서 무역수지의 개선도 기대하기 어렵다는 사실을 확인했다. 무역구조의 변화에 따른 기업의 전략은 해외 현지법인을 늘리고 환율변화에도 수출가격을 안정적으로 유지하는 것이었다. 결국 이러한 기업의 행동이 변한 결과, 아베노믹스로 인한 엔저 속에서 무역수지가 개선되지는 않았지만 그와 상관없이 기업의 수익은 증가할 수 있었다. 〈그림 5-7〉에서 아베노믹스의 엔화 절하 효과가 나타나는 2013년 이후에 기업의 영업이익이 매년 증가해 2017~18년에 사상 최고를 기록했다는 사실을 확인했다. 이로써 〈그림5-9〉에서 첫 번째 단계인 엔저와 주가 상승이 두 번째 단계를 거치지 않고 바로 세 번째 단계인 기업의 이익증대에 기여할 수 있었던 이유가 설명되었다.

두 번째 퍼즐은 고용과 임금에 관한 것이다. 엔저와 주가 상승이 촉매제가 되어 기업은 사상 최고 수준의 영업이익을 달성할 수 있었다. 기업이 활력을 되찾으면서 자연히 고용도 확대되었다. 앞서 살펴본 대로 아베노믹스 이후 인구가 감소하는 속에서 취업자 수는 크게 늘었다. 그런데 여전히 많은 기업들이 일손 부족을 호소하고 있다. 이러한 상황을 어떻게 이해해야 할까? 게다가 일손이 부족함에도 불구하고 임금상승은 더디기만 하다. 일반적으로 노동수요가 노동공급을 초과하면(즉, 일손이 부족하면) 균형수준의 임금은 상승해야 한다. 그렇지만 앞에서 이미 언급했듯이, 아베노믹스 이후 임금 상승은 보합세 내지는 미약한 상승세를 유지할 뿐 명확한 상승추세를 보여주지는 못했다.

출전: 総務省 「労働力調査」에서 작성.

먼저 고용상황을 살펴보자. 2010~12년에 5,500만 명 수준에서 횡보하던 취업자 수는 2019년 말에 6,000만 명까지 늘어나 7년간 500만 명 이상 증가했다. 이자나미 경기 동안 150만 명이 증가한 것과 비교하면 엄청난 수치라는 것을 알 수 있다. 이를 두고, 일부에서는 비정규직 노동자가 늘어났기 때문이라고 비판하지만, 〈그림 6-5〉에서 확인할 수 있듯이 늘어난 것은 비정규직 노동자만이 아니었다. 비정규직 노동자의 경우, 총인구의 감소 시점과 맞물려 글로벌 금융위기에서 회복하기 시작한 2010년부터 고용상황이 개선되기 시작했다. 그리고 증가한 비정규직 노동자의 상당수는 고령자나 주부들이 시간제 노동자로 일하는 경우이며, 이들 중에는 가정경제의 보조적 수입을 얻기 위해 일하는 경우도 많아, 원치 않는 상황에서 비정규직을 택한 노동자들이라고 보기는 어렵다. 한편, 정규직 노동자들은 2014년을 저점으로 고용상황이 개선되기 시작하였다. 정규직 노동자들은 2014~19년 동안 250만 명 이상 증가했다.

〈그림 6-6〉 노동력인구와 완전실업자 추이(단위: 만 명)

출전: 総務省 「労働力調査」에서 작성.

정규직, 비정규직을 막론하고 노동시장의 고용상황이 개선된 사실에 대해 인구구조가 변화한 결과라고 주장하는 사람들도 있다. 즉, 생산가능인구가 줄어드니 자연적으로 일자리가 많이 늘어났다는 설명이다. 하지만 이는 사실이 아니다. 〈그림 6-6〉에서 보듯이 아베노믹스 이후 노동력인구는 증가하고 완전실업자 수는 감소하고 있다. 노동력인구는 일할 의사와 능력이 있는 15세 이상의 인구인데, 취업자와 완전실업자를 더한 수이다. 생산가능인구에서 비노동인구를 빼도 노동력인구를 구할 수 있는데, 인구구조의 변화(생산가능인구의 감소) 속에서도 노동의 공급은 늘어났으며(노동력인구 증가, 비노동인구 감소), 그럼에도 불구하고 취업자 수가 더 빠른 속도로 늘어났기 때문에 완전실업자의 수는 감소한 것이다. 즉, 실적개선을 바탕으로 기업들이 노동수요를 확대한 결과, 늘어나는 노동공급을 훨씬 상회하는 속도로 노동수요가 늘어났기 때문에 시장에선 일손 부족 현상이 나타나게 된 것이다. 다시 말해, 아베노믹스 이후 고용상황의 개선은 인구구조의 변화가 아니라 기업의 노동수요 확대의 결과이다.

한편 〈그림 5-8〉에서 확인한 바와 같이, 아베노믹스 이후 실질임금의 하락추세는 멈추었지만 그렇다고 상승추세로 반전된 것도 아니었다. 이를 두고 일부에서는 아베노믹스가 저임금 노동력을 통한 고용 확대를 가져왔을 뿐이라고 비판한다. 하지만 이것도 사실이 아니다. 실질임금지수는 잔업을 하지 않거나 짧은 시간 일하는 노동자가 늘어날수록 하락할 수 있다. 앞서 살펴보았듯이, 일하는 방식 개혁이나 고령자의 정년 후 재고용 제도가 정착하면서 노동시간의 감소는 필연적이었다. 그래서, 시간당 임금으로 계산하면 2012년과 비교

해서 2019년의 전일제 노동자는 1%, 시간제 노동자는 5.5%
실질임금이 상승했다. 전일제 노동자보다 시간제 노동자의
임금 상승폭이 큰 이유는, 일손이 부족한 상황에서 먼저 비정
규직 노동자의 임금이 상승하고, 그 뒤를 이어 정규직 노동자
임금의 상승하는 것과 같은 맥락으로 이해할 수 있다.

〈그림 6-7〉 고용상황 개선과 평균임금의 하락

출전: 필자 작성.

고용이 확대되면 취업자 전체의 평균임금이 하락하는
효과도 있다. 〈그림 6-7〉은 이러한 상황을 직관적으로 이해
할 수 있도록 예시를 든 것이다. 왼쪽 그림은 전체 4명 중에
서 3명이 30만 엔의 월급을 받고 있으며, 나머지 한 명은 실
업 상태인 경우인데, 이때 평균임금은 30만 엔이 된다. 아베
노믹스 실시 이후 오른쪽 그림과 같이 상황이 바뀌었다고 하
자. 이제 30만 엔을 받던 3명의 노동자는 임금이 상승해서 32

만 엔을 받게 되었고, 실업 상태에 있던 마지막 한 명도 새로운 직장에 취업해서 20만 엔을 받게 되었다. 이 경우 이전보다 모두 살림살이가 나아졌다고 할 수 있지만, 평균임금은 오히려 30만 엔에서 29만 엔으로 하락하게 된다. 실제로 2012년과 비교해서 신규진입 노동자가 늘어난 2019년에는 전일제 노동자의 평균근속년수가 18년에서 16.8년으로 하락했다. 그리고 평균근속년수의 하락은 같은 연령대의 평균임금을 2% 감소시키는 효과가 있었다.

아베노믹스의 설계자들은 본원통화를 늘려서 기대 인플레이션의 상승을 가능하게 할 수 있다고 보았다. 즉, 민간이 지금은 물론 앞으로도 양적완화가 지속된다고 믿게 되면, 자연히 소비와 투자가 늘어날 것이라고 예상했다. 이 경우 예상 경로는 크게 두 가지인데, 하나는 장래의 물가상승을 예상하고 앞당겨서 소비와 투자를 하게 되는 경로이다. 또 한 가지는 저금리 상황이 장기화될 것이라는 예상 때문에 자산가격이 상승하면, 이것이 기업의 재무상황을 개선하여 투자와 생산이 살아날 것이라는 경로이다. 현재 시점에서 보면 두 번째 경로를 통해 양적완화가 실물경제에 영향을 미치게 된다는 점이 분명해졌다.

다시 〈그림 5-9〉로 돌아가 보자. 엔저와 주가 상승은 자산가격의 상승을 통해 두 번째 단계를 뛰어넘어 직접 기업의 재무상황을 개선시켰고, 이는 고용 확대를 불러왔다. 당초 아베노믹스 설계자들은 150~200만 명 정도 고용이 증가하면 노동시장에서 일손 부족 현상이 심각해져서 임금이 상승하기 시작할 것이라고 기대했다. 문제는 일본국민 중에서 일할 의사와 능력이 있는 사람의 숫자가 예상보다 훨씬 많았다는 점이다. 아베노믹스 실시 이후 취업자는 500만 명이나 증가했다. 늘어나는 기업들의 노동수요에 맞춰서 노동공급이 지속적으로 이루어지니 임금은 상승할 수가 없었던 것이다.

해외로부터 대량의 이민을 받아들이지 않는 한, 노동공급은 언젠가 한계에 도달하게 된다. 만약, 기업의 노동수요가 계속 늘어나는 가운데 노동공급이 한계에 도달하게 된다면, 결국에는 임금이 상승하기 시작할 것이고, 2~3년 정도 추세적으로 임금이 상승하게 되면 물가상승이 본격화될 수 있다. 물가상승이 본격 궤도에 진입하면, 앞서 설명한 첫 번째 경로가 작동하면서 너도나도 앞다투어 소비와 투자를 하게 될 것이고, 그렇게 되면 일본경제는 디플레이션 스파이럴에서 탈출할 수 있다.

그러나 코로나19는 이 모든 시나리오를 물거품으로 만들었다. 만약 코로나19가 발생하지 않았고, 2020년에 예정대로 도쿄 올림픽이 치러졌다면, 일손 부족 현상이 지금보다 더 심각해졌을 것이다. 그렇게 되면 어느 순간 '루이스 전환점'

을 지나 임금이 상승추세에 접어들고, 물가가 상승하는 선순환이 시작되었을 지도 모른다. 결과만 놓고 보면, 일할 의사와 능력이 있는 사람들이 이렇게나 많이 있다는 것을 아베노믹스의 설계자들이 미처 예상하지 못했다는 측면도 있지만, 결국 아베노믹스의 '1억 총활약 사회' 구상이 아베노믹스의 최종목표 달성을 늦추는 아이러니한 상황이 연출되었다.

7

저온호황의 시대

    아베노믹스 이후 기업들은 개선된 영업이익을 바탕으로 적극적으로 해외직접투자를 확대하였다. 〈그림 7-1〉을 보면 해외직접투자가 2000년대 중반부터 증가했다가 글로벌 금융위기로 한차례 감소한 뒤 2013년부터 다시 증가하기 시작했다는 것을 알 수 있다. 해외직접투자의 내용을 살펴보면, 글로벌 금융위기 이전의 해외직접투자는 주식자본이 대부분이었던 반면, 2013년 이후에는 주식자본의 증가와 함께 수익의 재투자도 많이 늘어났다는 것을 확인할 수 있다. M&A를 통해 해외기업들을 인수(브라운필드 투자, brown field investment)하거나 부지를 매입하고 공장이나 사업장을 건설(그린필드 투자, green field investment)할 경우 주식자본이 증가한다. 반면, 기업들이

해외 자회사들의 사내유보금을 증가시킬 경우 수익의 재투자가
증가하고, 해외 자회사들과 자금의 대차관계 및 채권의 취득,
처분에 따라 부채성 자본이 증가한다.

〈그림 7-1〉 해외직접투자의 형태(단위: 조 엔)

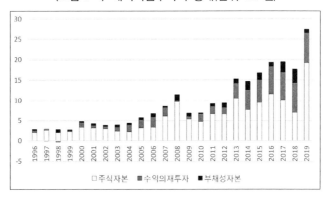

출전: 財務省 「国際収支統計」에서 작성.

　　아베노믹스가 실시되기 이전에 일본기업의 해외진출은
1980년대 후반과 2000년대 후반에 급증한 적이 있었다. 1980
년대 후반에는 플라자 합의, 2000년대 후반에는 글로벌 금융
위기라는 충격으로 둘 다 엔고 시기였다는 공통점이 있다.
엔고 시기에 일본기업들은 절상된 엔화를 바탕으로 M&A를
통해 해외기업들을 인수하여 주식자본을 늘리는 해외직접투
자를 늘렸다. 즉, 일본기업들의 해외직접투자는 대체적으로

엔저 시기에는 감소하고 엔고 시기에는 증가하는 모습을 보여 왔다. 그러나 아베노믹스가 실시된 이후에는 이러한 기업들의 해외직접투자 행동에도 변화가 생겼다. 2013년부터는 엔저에도 불구하고 해외직접투자가 늘었다. 축소된 국내투자기회를 피해서 중국, 미국은 물론 ASEAN을 중심으로 그린필드 투자가 증가했기 때문이다.

해외에서 토지를 매입하고 공장이나 사업장을 짓는 투자만 늘어나는 것이 아니었다. 일본기업들의 해외 자회사들은 해외에서 발생한 이익을 현지의 생산시설에 재투자하거나 보유하는 경향이 강해졌다. 〈그림 7-1〉에서 수익의 재투자가 2013년 이후 큰 폭으로 증가했다는 사실은 이미 언급했다. 해외거점의 영업이익과 사내유보금은 2000년대부터 급격히 늘어나는데, 일본기업들이 해외에서 발생한 이익을 일본으로 가져가지 않고, 현지에 재투자하거나 축적하려는 경향이 강해지고 있다. 이렇듯, 해외직접투자의 내용이 다양해지면서 앞으로도 일본기업들의 해외진출은 엔저, 엔고와 상관없이 더욱 활발해질 것으로 보인다.

아베노믹스 실시 이후 일본기업의 해외직접투자는 아시아, 북미, 유럽의 세 지역을 중심으로 성장해 왔다. 아시아 중에서도 중국의 비중은 대체로 감소하는 추세인 반면, 상대적으로 ASEAN은 투자의 확대 경향이 확인된다. 특히 태국, 베

트남, 필리핀 등의 투자 건수가 늘어났는데 이는 중국 GVC가 ASEAN GVC로 재편되고 있다는 사실과도 부합한다. 아시아 지역의 직접투자가 생산비용을 고려한 선택이었다면, 북미와 유럽의 직접투자는 조금 성격을 달리한다. 이 지역에 진출한 일본기업들의 투자동기는 생산비용이 아니라 현지의 시장성 이 더 크게 작용하였다. 즉, 현지생산, 현지판매를 목표로 북 미와 유럽에 진출하는 일본기업들이 지속적으로 늘고 있다. 2011년부터 일본의 해외직접투자를 견인한 것은 사실상 북미 와 유럽의 투자라고 보아도 무방할 정도로 북미와 유럽에 투 자된 금액이 아시아에 투자된 금액을 훨씬 상회하고 있다.

한때, 아베노믹스 이후 해외에 진출한 제조업 기업들의 국내 유턴 사례들이 보도된 적이 있었다. 아베노믹스로 인한 엔화 약세와 일본 정부의 기업 경영환경에 대한 규제완화 및 성장전략 추진 등에 힘입어 해외에 진출한 몇몇 제조업 대기업 들이 국내로 회귀하였다. 예컨대 파나소닉, 샤프, 캐논, 혼다와 같은 일부 대기업들이 제조 공정의 일부를 국내생산으로 전환 하기도 하였다. 일본 제조업이 국내로 유턴한 이유로는 엔화 약세로 인한 가격경쟁력 회복보다 해외 생산거점의 인건비 상 승이나 품질관리, 생산성 문제 등이 더욱 중요한 요소로 부각 되었다. 그러나 해외 거점을 보유하고 있는 제조업 기업 중에 서 2013년 이후 2년 동안 국내로 회귀한 비율은 13.3%에 불과하였다. 2017년 12월 일본 경제산업성 조사에서도 해외생산 기업 중 과거 1년간 일본으로 생산거점을 옮긴 기업은 14% 정도였고, 그나마 대부분이 중국(62.2%)과 ASEAN(22.5%)에 진출한 공장들이 인건비 상승을 피해 생산시설을 옮긴 것이었다. 앞서 살펴본 바와 같이 일본기업의 입지전략이 현지생산, 현지소비를 목표로 한 시장지향성 진출이 많다는 점을 고려하면 앞으로도 대규모의 국내회귀를 기대하기는 쉽지 않다.

〈그림 7-2〉 일본 출자자들에 대한 지불액(단위: 백만 엔)

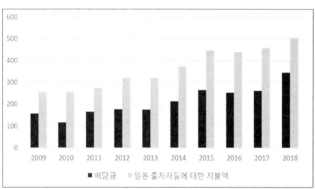

출전: 経済産業省 「第49回海外事業活動基本調査概要」에서 작성.

　이러한 해외직접투자의 급증은 소득수지 흑자를 발판으로 경상수지 흑자를 가능하게 했다. 해외현지법인의 당기순이익과 함께 설비투자액이 증가하여, 해외에서 발생한 소득의 일부분은 다시 해외에 투자되었지만 다른 일부는 국내로 유입되었다. 해외현지법인의 일본 출자자들에 대한 지불액은 아베노믹스 이후 추세적으로 증가하여 2018년에는 5조 엔으로 늘었고 그 중 배당금은 3.5조 엔에 달했다.(〈그림 7-2〉 참조) 그 결과, 해외에서 벌어들이는 1차 소득수지는 빠른 속도로 늘어났다. 〈그림 7-3〉에서 1차 소득수지의 가장 큰 구성 항목은 증권투자수익이 차지하고 있지만, 2013년부터는 직접투자수익이 빠른 속도로 늘어나고 있는 것을 확인할 수 있다. 결국, 아베노믹스 이후 확연히 늘어난 소득수지의 40% 정도는 이렇게 대외직접투자에서 발생한 소득이 국내로 들어오면서 가능했던 것이었다. 그리고 이렇게 늘어난 소득수지는 다시금 해외로 재투자되면서 일본은 현재 전 세계에서 대외순자산이 가장 많은 나라가 되었다.[29]

---

29) 2019년 현재 일본은 3.1조 달러의 대외순자산을 보유해 2위 독일(2.4 조 달러), 3위 중국(2.2조 달러)을 제치고, 29년 연속 세계최대 채권 국 지위를 유지하고 있다.

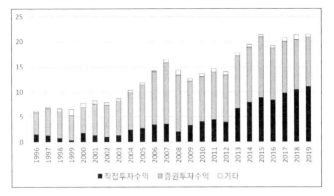

〈그림 7-3〉 1차 소득수지의 구성항목(단위: 조 엔)

주: 기타는 고용자보수+기타투자수익+기타1차소득수지의 합계
출전: 財務省「国際収支統計」에서 작성.

이렇듯 일본기업들이 적극적으로 해외에 진출하게 된
이유는 무엇일까? 이러한 질문에 대해 Koo(2018)는 중요한
힌트를 제시한다. Koo는 1990년 이후의 일본 그리고 글로벌
금융위기 이후의 선진국 일반에 나타나는 현상으로 자금공
급에 비해서 자금수요가 부족한 상황을 전제로 선진국의 장
기정체 현상을 설명하였다. 특히 일본의 경우 1990년 이후 30
년 가까이 장기정체를 겪고 있다고 주장하며, 주목할 만한 특
징 중 한 가지로서 기업이 더 이상 투자가 아닌 저축을 하는
경제주체임을 강조했다.

〈그림 7-4〉는 부문별 자금과부족을 나타낸 그래프이다.
여기에서 알 수 있듯이 일본의 기업들은 버블 붕괴 이후 약

15년에 걸쳐서 빠르게 저축을 늘려갔다. 이후 일본경제는 가계와 기업이 자금공급의 주체가 되고, 정부 및 해외가 자금수요의 주체가 되어 자금의 과부족이 균형을 이루고 있다. 더 나아가 Koo는 이러한 일본기업의 국내 과소투자(투자회피 행동)가 밸런스시트(balance sheet) 불황과 투자기회의 축소 때문이라고 설명하였다.

〈그림 7-4〉 부문별 자금과부족(단위: 조 엔)

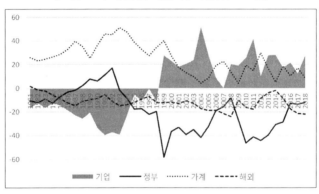

주: 국제수지 기준의 net, flow 값. 기업은 비금융법인업.
출전: 財務省「国際収支統計」에서 작성.

　밸런스시트 불황은 버블붕괴 이후 기업들이 밸런스시트상의 채무최소화를 위해 신규투자를 꺼리게 되고 이것이 경제 전체에 마이너스 충격으로 작용하였다는 것인데, 〈그림 7-4〉에서 기업들이 저축을 급격히 늘려나간 1990년대 중반부터 2000년대 초반 시기가 이에 해당한다. 하지만 아베노믹스 경기 동안 관찰된 국내 과소투자의 문제는 밸런스시트 불황보다는 투자기회의 축소 때문에 발생했다고 보는 것이 타당하다. 그리고 이러한 투자기회의 축소는 다시 TFP 증가율의 둔화와 자본수익률의 저하를 그 원인으로 생각해 볼 수 있다. 이미 여러 연구들이 일본의 이노베이션 속도가 추세적으로 하락하고 있다는 것을 지적하고 있다. 또 일본은 1999년 2월에 제로금리 정책을 실시한 이후 현재까지 20년 넘게 초저금리 상황이 지속되고 있다. 결국 기업들은 투자기회가 줄어든 국내가 아닌 해외로 눈을 돌릴 수밖에 없었고, 그 결과 일본의 경상수지는 장기적이고 구조적인 변화를 경험하게 되었다.

지금까지 본서에서는 세 가지 질문(①아베노믹스는 일본을 장기불황의 수렁에서 건져낼 수 있었는지? ②아베노믹스의 세 화살이 당초 목표한 바를 이루었는지? ③아베노믹스의 전달경로가 당초 의도한 대로 잘 작동하였는지?)을 바탕으로 구체적인 평가지표를 제시하고 아베노믹스를 평가해 보았다. 지면 관계상 자세히 기술하지 못한 부분이 적지 않지만, 특히 아베노믹스를 평가하기에 앞서 생각해야 할 이슈들은 대부분 생략하였다.

2020년 9월 16일 사임한 아베 총리는 연속 재임일수가

2,822일을 기록해 종전의 사토 에이사쿠(佐藤栄作) 총리 (1964년 11월~1972년 7월, 2,798일)를 누르고 역대 최장수 총리가 되었다. 아베노믹스를 평가하는 데 있어서, 왜 이렇게까지 장기정권이 지속될 수 있었는지에 대한 고민부터 시작해야 할 필요가 있다. 이는 일본을 장기불황의 늪에서 구원해줄 누군가를 일본 국민들이 간절히 원하고 있었다는 뜻이면서 동시에, 비록 만족할만한 수준은 아니지만 아베노믹스 경기가 몰고 온 온기를 꽤 많은 사람들이 체감할 수 있었다는 뜻도 된다.

그러나 아베노믹스 경기(2012.11~2018.10, 71개월)는 전후 최장호황이 될 것이라는 많은 사람들의 예상을 깨고 결국, 이자나미 경기(2002.1~2008.2, 73개월)의 기록을 뛰어넘지 못했다. 아베노믹스 경기가 한창이던 2018년 10월경 정점을 찍은 일본경제는 이후 코로나19로 인해 바닥이 보이지 않는 깊은 골짜기로 추락 중이다. 아베노믹스 경기의 화룡점정이 될 수 있었던 도쿄 올림픽을 앞두고 벌어진 코로나19의 팬데믹을 두고서, 지독하게 불운한 타이밍 앞에 디플레이션 탈출의 꿈이 좌절되었다고 평가하는 사람들도 있다. 그러나 정말 불운한 타이밍 때문에 아베노믹스 경기가 끝내 목표한 바를 이루지 못했던 것일까? 본서에서는 다른 가능성을 제시하고자 한다.

아베노믹스 실시 이후, 피부로 느낄 수 있는 호황의 증거는 엔저, 주가 상승, 기업실적의 개선, 그리고 고용의 확대였다. 하지만 실질임금은 끝내 상승추세로 반전되지 않았고, 디플레이션이 지속될 수 있다는 두려움을 떨치지 못한 탓에 투자와 소비는 살아나지 못했다. 기업들은 실적이 개선되었지만, 국내보다는 해외진출에 더 적극적이었다. 디플레이션 탈출을 선언하며 대담하게 시작한 양적완화는 어느 순간에 한계에 부딪혔고, 일본은행은 재정파이낸스라는 비판을 피하기 어렵게 되었다. 재정건전화를 위해 부작용을 감수하면서 단행한 두 번의 소비세 증세는 코로나19로 인해 상처만 남긴 채 목표달성이 더욱 요원해졌다. 본서에서는 이러한 호황을 '저온호황'이라고 명명했는데, 이러한 저온호황은 2000년대 이후 일본경제의 뉴노멀이 되었다.

일반적으로 상정하는 경제에서는 가계가 저축을 하고, 그 돈을 기업이 빌려 투자를 해서 저축과 투자가 균형을 이룬다. 하지만 〈그림 7-4〉에서 확인한 것처럼, 2000년대 이후 일본경제는 가계와 기업 모두 저축을 하고 있다. 쉽게 말해서, 돈을 빌려주려는 사람은 많은데, 돈을 빌리려는 사람이 없는 상태가 된 것이다. 결과적으로 현재 일본경제는 정부가 빚을 내서 자금운용과 자금조달의 균형을 맞추고 있는 실정이다. 기업이 국내 신규투자를 꺼리는 이유는 투자기회가 축소되었기 때문이다. 장기불황기는 물론 아베노믹스 실시 이후에도 TFP 증가율은 하락했고, 국내보다 해외에 투자하는 것이 자본수익률이 더 높다. 그 결과 일본기업은 국내에서 좀처럼 매력적인 투자처를 발견하기 어려워 적극적으로 해외진출을 모색해 왔다. 생산시설의 해외이전은 이미 오래전부터 본격화되었고 아베노믹스의 성과와 한계는 모두 그것과 관련이 있었다.

　　장기적으로 볼 때, 기업의 해외진출은 다양한 연쇄적인 변화를 가져온다. 몇 가지 메커니즘을 생각해보면 다음과 같다. 기업의 해외투자가 활발해지면 임금 상승을 기대하기 어려워진다. 해외에 진출한 기업은 현지에서 값싼 양질의 노동시장을 활용할 수 있다. 이러한 선택지를 손에 넣은 기업은 예전처럼 국내에 대규모의 설비투자를 하면서까지 국내노동자의 생산성을 높일 필요성을 느끼지 못한다. 같은 자본을 해외에 투입하는 것이 더 높은 수익으로 돌아오기 때문이다. 결국, 국내 신규투자가 줄어들고, 투자가 줄어들면 노동생산성 상승이 둔화되고, 노동생산성의 상승이 둔화되면 임금의 정체가 시작된다.

　　임금의 정체는 소비자들의 생각을 변화시킨다. 고도성장기 때처럼 일을 그만두지 않는 한 소득이 계속해서 증가할 것이라는 기대가 사라지고, 현명한 소비에 대해 자각하게 된다. 1950년대 후반 진무(神武) 경기 때처럼 3종의 신기(흑백 TV, 세탁기, 냉장고)나 1960년대 중반 고도성장기 때처럼 3C (컬러텔레비전, 에어컨, 자동차) 소비와 같은 밴드왜건 효과는 사라지고 가격 대비 성능을 생각하는 소비자들이 많아진다. 전자계산기부터 주방용품까지 저렴한 물건을 모두 갖춘 100엔 숍이 2000년대 이후 빠른 속도로 성장한 사실이 그것을 잘 말해준다. 소득은 늘지 않고, 적절한 품질의 값싼 물건을 찾다 보니 이제는 더 이상 국내에서 생산하지 않는 외국의 값싼 공산품을 소비하게 되면서 무역수지의 적자규모는 점점 커진다.

가계도 기업도 저축을 하는 경제는 결국 과잉저축(saving glut)의 문제를 지속적으로 겪게 되는 셈이다. 일본의 과잉저축은 밸런스시트 불황을 겪는 동안 부채를 갚기 위해 기업이 투자를 억제하면서 발생했다. 하지만 저금리에도 불구하고 국내에 마땅한 투자처가 없어 해외로 눈을 돌린 기업이 돈을 빌리지 않으니 과잉저축은 해소되지 않는다. 기업이 국내투자에 매력을 느끼려면 제로금리와 디플레이션 상황에서 저축과 투자의 균형을 이루는 수준까지 실질금리가 하락해야 하는데, 명목금리는 제로 이하로 내려갈 수 없고 인플레이션은 미약하니 과잉저축이 해소될 만큼 실질금리가 마이너스 수준까지 내려가지도 않는다. 유동성 함정에 빠진 일본경제는 이제 예전처럼 과도한 인플레이션을 신경 쓸 필요는 없어졌지만, 반대로 디플레이션을 항상 걱정해야 한다. 오랜 세월 과도한 물가상승을 견제해 온 중앙은행의 역할도 유명무실해지고, 이제는 적절한 물가상승이라는 새로운 역할을 부여받게 되었다.

양적완화가 핵심정책이었던 1단계 아베노믹스는 '일본경제의 구조적인 변화'를 무시했거나 인지하지 못한 채 새로운 중앙은행의 역할에 대한 실험을 단행했다고 평가할 수 있다. 문제는 이러한 일본경제의 구조적 변화가 2000년대 이전이나 고도성장기 때로 돌아갈 수 없는 불가역적인 성격을 가진다는 점이다. 어쩌면 제2차 아베 내각이 시작되었을 때 이 모든 결과는 예측 가능한 것이었을 지도 모른다. 2002~08년의 이자나미 경기는 일본 사회에 처음 등장한 실감할 수 없는 호황이었기 때문이다. 그래도 이자나미 경기 때는 밸런스시트 불황에서 막 벗어났던 때라 불가역적인 변화에 대해 많은 사람들이 아직 동의하지 못했고, 그렇기 때문에 실감할 수 없는 호황을 이자나미 경기만의 특징으로 생각하는 경우가 많았다.

하지만, 아베노믹스 경기는 저온호황이 이자나미 경기만의 특징이 아님을 증명했다. 저온호황기에는 호황이라고는 하나 디플레이션이 지속되거나 미약한 인플레이션이 발생할 뿐이다. 인구는 감소하며, 생산성은 하락한다. 임금 상승은 한계에 부딪히고, 수입은 급증하며, 소비와 투자는 침체된다. 이러한 상황에서 확장적인 금융정책은 기업의 재무구조를 개선하는 효과는 있을지 모르지만, 임금 상승과 국내 신규투자와의 연결고리는 약하다. 이제 일본경제는 새로운 균형점(뉴노멀)에서 대책을 강구해야 될 때이다.

여기서부터는 본서의 범위(아베노믹스에 대한 평가)를 벗어나기 때문에 자세히 다루지 않겠지만, 간단히 언급하면 금융정책은 더 이상 유효한 수단이 될 수 없다. 국내에서 기업의 설비투자가 감소함에 따라 자금수요가 축소되고, 통화승수가 작아지면서 금융정책의 효과는 반감되기 때문이다. 해외와 국내의 자본수익률 차이가 크면 클수록 국내에서 중앙은행이 금리를 아무리 낮추어도 기업의 해외투자를 국내투자로 돌리기는 쉽지 않다. 반면 재정정책은 오히려 저온호황기에 더 유효할 수 있다. 민간투자가 감소하면서 재정정책의 구축효과는 더 이상 걱정하지 않아도 된다. 그런 의미에서 과거 어느 때보다 일본경제에 있어서 현재의 재정정책 효과는 크다고 할 수 있다. 다만 재정정책의 발목을 잡는 '재정건전화에 대한 믿음'을 어떻게 설득하느냐가 관건이다. 이에 대한 정책논쟁은 다음 기회에 따로 다루고자 한다.

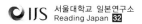

서울대학교 일본연구소
Reading Japan 32

종합토론

종합토론

〈서울대학교 일본연구소 제29회 일본진단세미나〉

일시 : 2021년 1월 15일(금) 오후 1시~3시

장소 : 온라인 ZOOM

주최 : 서울대학교 일본연구소

남기정 : 굉장히 충실하게 많은 내용을 압축적으로 잘 전달해주신 것 같습니다. 굉장히 많은 공부가 되는 동시에 평소 가졌던 의문들이 해결되었고, 또 한편으로는 평소 하던 생각이 잘못된 것 아닌가 할 정도로 다른 설명도 해주셔서 개인적으로 더 풀고 싶은 의문도 생겼습니다. 먼저 이정환 선생님의 토론을 듣고, 내용을 조금 더 깊이 확인해가는 시간을 갖도록 하겠습니다.

이정환 : 감사합니다. 이창민 선생님, 오늘 발표 너무 훌륭한 것 같습니다. 일본 아베노믹스가 거의 8년 정도 진행되었는데도, 아베노믹스의 평가라고 할 때 한국에서 아베 자체가 언급되는 것을 싫어하는 사람이 너무 많아서 아베노믹스의 평가도 객관적으로 하기 쉽지 않았습니다. 이창민 선생님께서는 어떤 정책이 어떤 경로로 추진되었는지에 대한 설명에서 끝나지 않고 기업과 노동시장에 대한 부분까지 포함해서, 왜 아베노믹스의 경로에 문제가 있었는지 설명해 주셔서 아베노믹스에 대한 총체적이고 가장 훌륭한 발표였다고 생각합니다. 저도 많은 공부가 되었습니다. 사실 토론이라고 해도, 논쟁적인 지점은 없고 추가로 이런 점도 생각해 볼 수 있지 않을까 하는 점에 대해 2-3가지 정도 말씀드릴까 합니다.

이와타 방정식에서 자산가치, 수출투자소비, 기업과 임금이라는 세 가지 부분에서 엇박자가 나는 것을 말씀하셨고, 근본적으로 아베노믹스의 8년이 저온호황이지만 내각부 지표로 호황이 오래 지속되었으니, 이를 어떻게 이해할 것인지에 대한 설명 부분에 대해 전체적으로 동의합니다. 하지만 세계 경기 변동에 대한 요인을 조금 더 얹어서 설명해주시면 좋지 않을까 하는 생각이 들었습니다. 고이즈미 시기 이자나미 경기가 세계 경기 호황

국면에 기댄 수출 대폭발 국면과 연동되었지 않습니까. 이자나미 경기 때의 수출이 굉장히 눈에 띕니다. 고이즈미 정권 시기와 제2기 아베 정권기가 엔저라는 동일한 상황에도 불구하고 수출 편차가 크게 나는데, 이는 전가율 감소라는 부분도 있지만, 일본 정부 여러 문건에서도 볼 수 있듯 2000년대에 있어서와 2010년대에 있어서 엔저 요인이 수출로 이전되는 효과가 다르다는 부분에서 크게 강조됩니다.

전반적으로 동의하지만 세계 경제의 여건이 너무 다르지 않나 싶습니다. 고이즈미 당시의 3각 무역, 미국-중국-일본이나 한국 사이의 3각 무역 구도에서의 폭발적인 성장세와는 확연히 달랐고, 특히 2012년 이후를 보자면 글로벌 금융위기 이후 인프라투자가 세계적으로 한풀 꺾인 시점에서 아베노믹스가 시작하지 않습니까. 그래서 2013-2014년이 중공업이나 에너지투자 부문 불황이 있고, 더불어서 석유 가격도 하락하고, 이런 국면 속에서 2015-2016년에 걸쳐 세계경기가 조금씩 개선되다가 다시 미중무역마찰로 침체되었습니다. 이것이 핵심적이라는 것은 아닙니다. 이창민 교수님 말씀에 동의합니다만 이 설명이 추가가 되면 일본경제와 세계경제가 맞닿아 가는 흐름을 이해를 하는데 도움이 될 수 있지 않을까 생각이 듭니다. 물론 여기서도 2000년대 고이즈미 정권 시절 수출할 때의 일본이 세계산업구조에서 중국과 연결되었던 포인트와 지금 2010년대와는 다르기 때문에 분명히 주의를 해야겠습니다만, 세계 경기 여건이라는 부분도 담아내면 좋겠다는 생각입니다.

두 번째는 과거의 장기적 정권의 경우에는 그 정권의 정책적인 성향이 어떤 것인지에 대해서 평가하고 전후 일본의 장기정권들을 네이밍하는데 그다지 어렵지 않았다라는 생각이 듭니다. 하지만 이 아베 정권만큼은 경제·사회 정책적으로 어떤 지향을 했는지에 대해서 평가하기가 어렵다고 봅니다. 동태적 비일관성이라고도 표현이 되었지만 정책적으로 상당히 모순적인 성격의 조합입니다. 이런저런 사람들의 여러 제안들을 하나의 바스켓에 다 넣어 진행하는 올인원 패키지의 모습을 보여 왔는데, 저는 아베 정권의 경제정책이 일본에서 누군가를 버리고 가지 않겠다는 지향점은 분명히 가지고 있지 않았나 생각합니다. 결국은 개혁지향이라고 할 때에는 사회 내에서의 루저들에 대한 그리고 기득권에 대한 공격적 태도를 연상하게 하는 측면이 큽니다(고이즈미 정권이 보여주었던 것처럼). 그런데 아베 정권은 확실히 아니지 않습니까? 그래서 아베 정권에 있어 재정건전성이라는 게 실제로 얼마만큼이나 중요한 의미였을까 (물론 재정건전성을 특별히 추구한 것이 아니라고 하더라도) 또 재정건전성을 완전히 포기하고 돈잔치를 한 것도 아니지만 일본의 여러 가지 기득권들에 대한 혜택지향이라는 부분을 좀 더 주의 깊게 봐야할 필요가 있다고 생각합니다. 그리고 분명히 아베 정권에 대한 지지를 일본사회의 위축, 즉 아베가 아니면 다른 사람이 해줄 수 없는 것에 대한 위협인식과 불안감 이런 것도 있을 테죠. 그러나 일본에서 사용하는 정치학적 용어로 풀어보면 "이익유도 정치"적인 성격이 확실히 있는 것 같다는 점을, 즉 정치·경제의 측면에서 파악할 때 아베 정권의 이익유도에 효과적인 정책을 연속적으로 추구했다는 지점을 다시 한번 상기시켜야 하지 않은가 하는 생각이 듭니다.

그리고 76페이지에 굉장히 재미있는 표가 있는데요. 결국은 아베노믹스의 경우 화살 1, 2는 전통적인 경제정책에서 금융정책·통화정책·재정정책이고, 세 번째 성장전략은 어떤 내용인지에 대해서 굉장히 가변적이었죠. 그리고 아베 정권 8년 동안의 많은 변화를 이 표가 잘 보여주는 것 같습니다. 초점이 규제완화에서 유망시장에 대한 진흥 전략으로 변했어요. 아베 정권 맨 처음에 들어올 때, 일본의 아베노믹스에 대한 월스트리트 저널이나 파이낸셜타임스를 비롯한 서구권의 모든 일본 경제 전문가가 한 이야기가 도대체 제3의 화살이 뭔지 모르겠다였습니다. 초기에 아베 정권이 한 것 대부분이 고이즈미 정권에서의 규제완화 같은 내용을 다시 하는 것이었습니다. 하지만, 2017년부터 미래투자전략이라는 용어를 사용하고 일본경제재생본부 안에 산업경쟁력회의를 미래투자회의로 제목을 바꿨습니다. 이걸 보면 규제 완화에 입각해 있는 국가 전략에서 산업정책 중심으로 성장 산업을 진흥하는 국가 전략으로 변동이 됐다고 이해할 수 있지 않을까 합니다.

너무 거친 이야기를 하는 것일지 모르겠지만, 정치·경제적으로 일본의 국가 모델을 과거의 발전국가부터 보면, 외견상 아베 정권의 전체적인 성격은 신발전국가로 다시 회귀하는 것이 아닌가 합니다. 후반으로 갈수록, 그런 느낌이 꽤 있었거든요. 물론 과거와 확실히 다르지만, 1990년대 이래로 기업의 설비투자나 기업들이 글로벌 경제 모델을 확보하는데 조금 더 방임적인 규제 완화 지향이었다고 한다면 아베 정권 후반부로 가서 국가가 방향성을 정하는 점이 좀 더 강하게 드러나고, 이것이 아베 정권의 경제산업성 중심적인 정책 운용과도 연결이 되는 게 아닐까하는 가설적인 이야기를 한번 던져 볼 수 있지 않을까 하는 생각이 듭니다.

세 번째는, 이창민 교수님께 하는 질문인 동시에 열린 질문이기도 한데요, 기본적으로 아베노믹스의 시작이 장기 불황에서 탈출이라는, 즉 장기 불황이 비정상이라는 전제로 논의가 시작됐습니다. 이창민 교수님 논문 제목이 굉장히 재미있다고 생각되는데, '저온호황'이라는 제목이 이창민 교수님의 인식에서는 비정상이 아니라 새로운 뉴노멀이라는 것이기 때문입니다. 그러니까 현재 일본이 비정상이 아니라 새로운 정상이라는 것인데 결국 일본의 아베 정권은 계속해서 "성장, 성장" 이야기를 하고 있고, 장기 불황의 탈출, 비정상에서 과거가 상징하고 있는 정상으로의 복귀를 이야기했던 것이었는데, 교수님의 관점은 이와 반대되는 것 같습니다. 그 부분에서 "과연 일본의 성장 여력은 있는가"라는 질문이 재밌는 열린 질문이기도 한 것 같다는 생각이 들었습니다.

그리고 처음에 이창민 교수님도 말씀해 주셨던 것 같은데, 결국은 이 잠재성장률이라는 부분에서 '노동의 질 문제'라는 부분이 연결된다는 거죠. 이창민 교수님은 결국 노동 개혁을 초점으로 말씀해 주셨지만 제 생각에, 일본의 성장률 제고 이슈에서 산업구조조정의 문제도 크다고 생각합니다. 전형적인 구조개혁론자들의 논지가 될 수 있겠습니다만은, 결국 노동의 질을 올린다는게, 이 정규직 비정규직의 노동개혁만으로 될까라는 의문이 드네요.

결국은 그 노동생산성이 낮은 업종의 정리, 즉 과잉 노동된 부분이 결국 기계나 디지털화로 대체될 수 있고, 그렇게 되면 지금 현재의 낮은 수준의 임금 자체도 아예 없애버릴 수 있는 혹은 아예 노동을 빼낼 수 있는 업종의 정리라는 부분들에 대해 구조개혁론자들이 굉장히 열기에 차 있습니다. 그러니까 노동 개혁 안의 한 섹터 안에서의 정규직/비정규직 문제가 아니라, 결국은 이 "노동의 질의 제고"는 산업구조조정으로 가야할 필요성이 더 커 보이지 않나? 라는 생각이 들어요. 그런 차원에서 기업들의 투자가 유지보수로 많이 가고 있고요.

일본은 어떻게 보면 국가, 정부 주도로 진행되는 것도 있지만 기업들의 움직임이라는 것도 매우 중요한데, 이 유지보수라는 부분에서 굉장히 주목해볼 필요가 있지 않나라는 생각이 듭니다. 신규투자말고 유지보수를 하는 것이, 결국은 기존에 있던 노동을 가져다 덜어낼 수 있는 디지털화에 대한 투자로 성격이 집중된다면, 잠재성장률 제고에 상당히 도움이 될 수 있을 텐데요. 일본

기업들, 특히 중소기업들이 오래된 자본재 같은 것들을 다시 일신하는, 즉 유지보수라는 부분을 가져다가 산업 구조조정과 연결시키는 포인트는 의미가 있지 않을까 하는 생각이 들었습니다.

그리고 한 가지 질문이 더 있습니다. 노동시장 얘기를 하실 때, 아베 정권, 아베노믹스의 가장 큰 성과로서 여성과 고령자의 노동 인구 증가라는 부분에 100프로 동의합니다. 하지만, 인구구조 변동의 요인이 상관이 없다는 표현은 너무 강한 표현이 아닌가 저는 생각이 들어서요. 왜냐하면 애시당초 노동가능인구, 남성 노동가능인구, 15세에서 65세 남성 노동가능인구가 너무 줄어서, 이 부분에 대해서 조금 표현이 너무 거치신거 아닌가하는 생각이 들었습니다. 그러니까 제가 드리는 질문은, 저도 이렇게 그냥 쉽게 써서 설명을 해왔는데 그런 설명이 적절한지, 아니면 이창민 교수님처럼 말을 하는 것이 더 적합할지에 대해 조금 의문이 들었습니다. 그래서 저도 이창민 교수님께 검증을 받아서 앞으로 표현을 할 때 좀 더 정교하게 사용할 수 있지 않을까 하는 생각이 듭니다.

마지막으로 아베 정권이 너무 오래 지속되다 보니 아베노믹스는 단기적인 정책 효과뿐만 아니라 장기적으로 일본의 경제와 관련된 구조적인 부분에 어떤 영향을 주었냐라는 질문이 제기될 수밖에 없다고 봅니다. 이창민 교수님 말씀을 들어보면 일본의 경제에 대한 장기적인 영향을 줄 수 있는 구조 개혁은 가시성이 떨어지는 것 같고, 단기적으로 여러 가지 정책적인 효과는 분명히 발견이 된다라는 차원으로 아베노믹스를 이해할 수 있다는 생각이 드네요. 이창민 교수님의 발표를 들으면서 여러 가지로 많은 생각들을 해 볼 수 있는 좋은 기회였습니다. 다시 한번 감사하다라는 말씀을 드립니다. 이상입니다.

남기정 : 예 감사합니다. 저도 약간 의문이 있었던 부분을 잘 지적해 주신 것 같고요. 전체적으로 논의를 풍부하게 만들어주신 것 같습니다. 지금 채팅창을 통해서 김현철 소장님께서 질문을 신청하셨습니다. 질문 부탁드리겠습니다.

김현철 : 감사합니다. 이창민 교수님이 참 잘 정리해 주셨어요. 1, 2차 아베노믹스를 잘 정리해 주신 것처럼 마지막 두 부분이 오늘 발표의 백미라고 봅니다. 그러니까 지금까지 일본 경제를 보는 데 있어서 모순점 두 가지가 있었다고 지적해 주신 것 같아요. 특히 이제 기업 사이즈

에서는 무역대국에서 투자대국으로 바뀐 성격을 잘 지적해 주셨어요. 이 부분에서 엔저가 생각보다 영향을 미치지 않았다는 지적을 해 주셨는데 저는 여기에서 그 이전 민주당 정권이나 또 그 이전 자민당 정권의 엔고까지 연결해서 한 번 더 생각해 보시면 더 좋은 포인트일 것 같아요. 과거에 엔고가 너무 심하다 보니까 기업들은 결국 비명을 지르고 이제 일본 탈출을 하지 않으면 안 되었고 그때 축적된 힘이 아베 정권에서 해외 투자로 다시 혜택을 보는 구조가 돼 있었지 않느냐는 생각도 들고요. 두 번째는 노동시장인데, 이전 정권, 특히 고이즈미 정권에서 신자유주의 정책을 표방하면서 결국은 비정규직 시장이 굉장히 늘어났거든요. 그 늘어나는 사이에 기업들은 오래된 불황을 겪고, 2013년 전후로 정규직 고용조정이 일단락됩니다. 그 이후에 정규직 고용이 다시 늘어나는 사이클을 가지고 왔는데, 비정규직이 계속 늘어난 전체적인 맥락까지 보셔서 오늘 발표가 잘 된 것 같습니다. 그래서 전반부에 일본의 잠재성장률 하락이 노동생산성의 하락 때문이라고 말씀해 주셨는데, 이 노동시장의 구조 변화가 결국은 노동의지의 하락을 가져오고 또 여기에서 결국 실질임금 하락까지 좀 맞물려 있지 않은가 합니다. 그래서 이런 어떤 실질임금 하락이 결국 소비 미약을 가져오고, 이렇게 회복력을 잃어서, 아베노믹스의 한계를 보여주지 않는가 하는 그런 생각이 드는데 교수님 생각은 어떤지 한번 듣고 싶네요. 이상입니다.

남기정 : 제가 이상원 선생님 질문을 같이 좀 드리고 싶습니다. 채팅방을 통해서 올라온 질문은 "고용이 대폭 늘어난 결정적인 이유가 무엇인지요. 기업 투자가 별로 늘지 않았다고 해서 궁금한 점입니다." 여기에 대해서도 좀 말씀을 듣겠습니다. 먼저 지금까지의 내용을 가지고 대답을 한번 해 주실 수 있는지요.

이창민 : 부족한 발표였는데 이렇게 좋은 질문과 코멘트를 해주셔서 감사합니다. 저도 들으면서 몇 차례 아차 싶은 내용이 있었는데, 제가 대답할 수 있는 부분을 중심으로 몇 말씀 드리겠습니다. 먼저 이정환 교수님 질문인데요, 이정환 교수님께서 말씀하신 그대로입니다. 세계 경기 변동과 연결시키면 좀 더 정합적으로 설명할 수 있는 부분이 분명히 있는데 제가 놓쳤습니다. 특히 수출의 의미라든지, 이것은 김현철 교수님이 지적해 주신 부분하고도 연결이 되는데요, 고이즈미 때인 2000년대나 그 이전 정권들을 포함해 연속선상에서 보면 수출이 갖는 의미

와 환율이 갖는 의미가 달라지는데, 여기에 세계 경기 변동을 연결시켜서 설명할 필요가 있습니다. 그리고 제가 장기불황이라는 용어를 쓴 이유를 말씀드리면, 지금까지 아베노믹스에 대한 평가를 보면 보통 부정적인 평가가 거의 80-90%는 됩니다. 그런데 말씀하신 대로 저는 뉴노멀이라는 시각에서 사실은 고이즈미 경기부터 저성장이 시작되었고, 그리고 새로운 균형이 시작되었다고 얘기할 수 있거든요. 그래서 제가 개인적으로 판단할 때 아베노믹스 경기는 너무 목표치가 높아서 그렇지, 뉴노멀이라고 생각한다면 단순히 실패했다고 평가하기는 좀 어려운 게 아닌가하는 측면에서 "저온호황"이라는 용어를 썼습니다. 그렇다면 과연 일본이 앞으로 성장 여력이 있는가 하는 점인데요, 저는 여기에서 말하는 성장이라는 게 도대체 무엇인지부터 따져봐야 한다고 생각합니다. 과연 우리가 무엇을 가지고 성장이라고 이야기할 것이냐. 지금 성장에 대한 논의의 대부분은 GDP의 성장입니다. GDP를 가지고 성장이라고 얘기하는데, 성장의 주체가 누구냐? 누가 담당하냐를 생각하면 결국에는 기업이거든요. 그런데 지금 일본처럼 기업들이 해외에서 해외투자를 주로 하면 GDP에는 연결이 되지 않을 수도 있습니다. 그래서 저도 이러한 상황을 어떻게 바라

봐야 할까에 대해서 계속 연구하고 있는데, 앞으로는 기업의 활력 내지는 기업의 행위라는 측면에서 성장이라는 것을, 예컨대 아베노믹스 경기를 평가할 때도 고려해야 되지 않나 하고 생각합니다.

그리고 제가 '인구구조는 상관이 없다'라고 말씀드렸는데 이것은 과한 표현입니다. 정정하겠습니다. 강조하고자 했던 것이 무엇이냐면, 생산가능인구가 감소하는 가운데 노동력인구가 늘어났다는 점입니다. 실제로 15세-69세까지 인구가 줄어드는데 노동력인구는 늘어났고, 또 신규로 고용되는 인구는 7년 동안 500만 명이나 늘어났습니다. 인구가 줄면서 취업이 잘 되는 효과보다, 늘어나는 인구보다 더 빠른 속도로 일자리가 많아졌다는 것을 강조하고 싶었습니다.

그리고 노동의 질에 관해서는 지금 많은 연구가 되고 있는 것으로 알고 있습니다. 결국 '질'을 무엇으로 볼 것인가가 문제인데, 자본장비율(勞動裝備率)과 연결될 것 같습니다. 노동자 1인당 자본장비율이 노동의 질을 결정하는데, 지금 일본에서는 자본장비율이 너무 낮습니다. 결국, 이것은 이정환 교수님이 말씀하신 대로 산업구조 조정과 맞물려 있는 부분인 것 같습니다. 지금의 산업 형태에서는 자본장비율이 올라가기 쉽지 않고, 기계화되고 전자화되고 4차 산업혁명과 연계되어서 자본장비율이 상승하면 단순히 정규직·비정규직 노동의 문제가 아닌 자본장비율이 노동의 질을 결정하게 된다고 볼 수 있습니다.

다음으로 김현철 교수님의 말씀인데요, 굉장히 타당한 지적이라고 생각합니다. 민주당 정권과 그 이전 정권까지 타임 스팬을 늘려서 환율이나 노동문제를 생각해 봐야 합니다. 그러한 점에서 보면, 민주당 정권하의 엔고 상황에서 가장 중요한 것은 기업이 환율에 적응을 했다는 것입니다. 엔고 상황을 기업이 받아들이면서 거기에 적응해버린 것이죠. 아베노믹스의 경우, 기업은 이미 진화를 했지만, 이에 대한 정부의 상황파악이 늦은 셈이라고 볼 수 있습니다. 정부는 엔저가 되면 수출이 잘 될 것이라고 생각했는데, 이미 기업들은 엔고 상황이든 엔저 상황이든 환율에 덜 반응하는, 즉 환율에 둔감한 체질로 변해있었습니다. 그 시작을 거슬러 올라가 보면 1985년 플라자 합의부터 시작된 것으로 생각됩니다. 그때 엔고 상황에서 일본 기업들이 살인적인 엔고를 감내하면서 환율에 둔감해지는 체질로 점점 변화하기 시작했습니다. 이것이 지금 거시 변수 간의 관계로는 설명이 안 되는 부분(예컨대 엔저가 수출증가로 이어지지 않는 상황), 즉 플레이어(기업)의 최적화를 위한 행동이 바뀌었다고 봐야 할 것 같습니다.

또한 말씀하신 노동은 제일 어려운 부분이기 때문에 노동시장의 구조변화에 대해서 노동의 질의 변화와 연결해서 생각하는 것은 제가 조금 더 보완할 필요가 있을 것 같습니다. 일단 고용이 늘어난 이유는 경기가 좋았던 것으로 밖에 설명할 수 없을 것 같습니다. 경기가 좋아서 기업들이 고용을 늘렸는데, 그러다 보니 실업상태에 있던 사람도 취업해서 임금을 받게 되면서 전체 평균임금은 감소한 듯이 보이지만 사실 임금이 0원이었던 사람에게 급여가 생기는 것이기 때문에, 아베노믹스 경기를 한마디로 이야기하면 '기업이 견인한 경기'라고 할 수 있습니다. 하지만 소득과 소비가 디커플링되면서 거시 변수들을 보면 아베노믹스를 칭찬할 점이 별로 없어 보입니다. 그래도 기업이 경기를 견인했다는 부분에서 기업과 관련된 퍼포먼스는 굉장히 좋았다고 평가를 할 수 있을 것 같습니다. 일단 여기까지 하고 보충하겠습니다.

남기정 : 감사합니다. 지금 채팅창을 통해서 질문이 올라와 있습니다. 조관자 선생님께서 질문을 해주셨는데요. "기업은 부자이고, 국가는 가난할 때, 국내 경제에서 기업

의 역할과 국민생활의 변화는 어떻게 평가할 수 있을까요? 기업의 고용 증가, 설비 유지보수, 실질 임금의 약간의 상향은 국민생활의 질적 저하를 막고 있는지요. 국가의 재정 지출도 팽창하고 있으니 국민이 더 가난해지지는 않을 것 같이 보입니다. 그런데 소비 심리의 회복이 없고 어린이와 노년층의 빈곤 문제가 사회적 이슈로 지적되고 있는데 어떻게 보시는지요." 라고 하는 질문이 올라와 있습니다.

박승현 선생님이 질문을 해주셨는데 "12월 중순까지 상황을 보면 한국과 일본의 인구 당 코로나 감염 상황, 방역 수준도 상당히 유사합니다. 그리고 한국에 비해 일본 정부는 경제 회생을 위한 정책들에 더 적극적이었습니다. 그런데 왜 한국에 비해 일본 경제에 마이너스 영향이 더 컸을까. 궁금해서 질문드립니다." 이렇게 질문이 올라와 있고요.

저도 사회자지만 하나 묻겠습니다. 저는 국제정치를 하는 사람이라서, 오늘 들었던 내용 중에 저도 굉장히 재미있게 들은 점이 수출대국에서 투자대국으로 변했다라고 하는 부분이었거든요. 그런데 이 부분하고 일본의 외교안보정책의 약간의 변화, 또는 주변국들과의 관계 변화 등의 영향이 있는가라는 생각이 좀 들어서 묻겠습니다. 중일관계, 인도·태평양에 대한 감소 같은 것들도 이러한 수출에서 투자로의 지향점 변화와 관계가 있을 까라는 생각이 들었습니다. 그런데 어느 요인이 먼저일 까라는 것에 대해서는 잘 모르겠는데요. 중국시장에 대한 매력이 저하되어서, 수출대국에서 투자대국으로 변했기 때문에 중국시장의 매력이 저하되어서, 그러면서 중일관계에 대한 상대적인 중요도의 하락, 미일동맹으로의 경사, 인도·태평양으로의 지향, 이런 식으로 가는 건지, 아니면 거꾸로인가라는 생각이 듭니다. 국가가 수출대국에서 투자대국으로 변했기 때문에, 거꾸로 중일관계에 대한 운영이 어려운 이런 것들 때문에 중국시장의 매력이 저하되는 건가, 어느 쪽인가라는 생각이 들어서, 혹시 연관이 있는 것인지, 연관이 있다면 어느 쪽이 좀 더 주된 요인인지, 이런 것들이 궁금했습니다. 예컨대 인도·태평양에 대한 인프라 투자를 일본에서 열심히 하고 있는 것들도 여기에 연관이 있을 것 같아서 혹시 아시는 부분이 있으면 묻고 싶었습니다.

더 이상 채팅창을 통해서 올라오는 것이 없는데, 방금 하나 들어왔네요. "아베 시기 재정 지출의 양상을 보면 사회복지 지출을 중심으로 약간의 확장을 보이기는 하지만 그마저도 GDP 대비 비중은 정체 상태이고 경상비

지출은 오히려 감소하는 추세를 보였습니다. 아베노믹스가 상업정책을 강화하는 노선과 모순되는 것 같은데 어떻게 이해하면 좋을까요." 심재설 님이 보내 주셨고요. 그 다음에 백준열 선생님이 "앞으로의 아베노믹스의 효과는 어떻게 나타날까요. 정규직이 최근 늘고 4차 산업 등의 성장전략의 효과가 나타난다면 이것이 노동의 질을 높이고 개인 소비 증가에도 플러스로 작용하지 않을까요." 다양한 질문이 나왔습니다만 시간이 별로 남지 않아서 질문은 여기까지 받는 것으로 하고, 이에 대한 답변을 듣고 마치도록 하겠습니다. 이창민 선생님 부탁드리겠습니다.

이창민 : 제가 전부 답변할 수 있을까 싶을 정도로 굉장히 광범위한 질문을 던져 주셔서 감사한데요. 일단 첫 번째 질문부터 제가 대답할 수 있는 선에서 제 생각을 말씀드리면, 지금 상황은 교과서적인 경제학적 설명만으로는 명쾌하지 않은 부분이 많다는 겁니다. 무슨 말이냐면 아베노믹스의 전달경로를 예컨대 수업시간에 학생들에게 가르칠 때는 경제학 교과서에서 설명하듯이 기업의 영업이익이 증가해서 임금이 증가하면 개인의 소득이 증가하고 소비가 증가하는 식으로 이야기를 합니다. 그런

데 가만히 생각해보면 이것 자체가 굉장히 모순된 부분이 있어요. 무슨 말이냐면 기업이 의사결정을 할 때 정부가 할 수 있는 게 생각보다 별로 없습니다. 기업이 임금을 올린다? 이것은 정부가 명령을 할 수가 있는 게 아니잖아요. 그러니까 기업이 임금을 올린다는 것을 경제정책의 경로에 넣는 자체가 사실은 굉장히 어색한 거죠. 실제로 일본도 춘투(春鬪) 기간에 아베가 읍소를 해서 베이스 업(base up)하라고 부탁을 하는 이유가 정부가 마음대로 임금을 올릴 수 없다는 것의 방증이죠. 결국에는 그런 것들 때문에 경로가 이론처럼 작동하지 않습니다. 즉 임금을 올릴지 말지는 기업의 의사결정이라서 임금을 안올리고 투자를 더 할 수도 있고, 해외 투자를 더 할 수도 있는 선택의 문제라서 이것이 우리가 생각하는 경로대로 작동하지 않을 수도 있다는 겁니다. 그러니까 모순적인 상황이 생기는 것이죠. 조금 결이 다른 이야기입니다만, 우리나라에서는 사람들이 '기업들이 사내 유보금을 쌓아놓고 있다' 라고 이야기를 합니다. 사내 유보금이 마치 기업들이 금고에 현금을 쌓아두는 것으로 오해를 하시는데 그 부분은 차치하더라도, 기업들의 사내유보금에 대해 정치권이 왈가왈부하는 것도 말이 안 되지만 실제로 정부가 어떻게 할 수 있는 방법도 없다는 겁니다. 결국에는 정부가 정책을 실시할 경우에 정부가 영향을 미칠 수 있는 부분과 실제로는 영향을 미칠 수 없는 부분이 엄연히 존재한다는 것입니다. 통화도 그렇습니다. 본원통화까지는 중앙은행이 조절할 수 있지만, 통화량은 중앙은행 의지대로 늘릴 수 없습니다. 민간이 대출을 받지 않으면 늘지 않기 때문입니다. 그런 부분들에 대해서 우리가 아베노믹스를 생각할 때 고려해야 할 부분이 좀 있는 것 같고요.

두 번째 방역에 대해서는 일본이 4월부터 5월 사이에 긴급사태 선언을 했잖아요. 그때 굉장히 경기가 하락을 해서 2분기 이후에 일본 정부에서는 두 번 다시 긴급사태 선언을 하지 않겠다는 기류가 형성된 것 같습니다. 지금 코로나와 관련된 세계적인 연구들을 보면 강력한 방역 이후에 선제적으로 검사하고 격리하고 하는 것들을 실시한 나라에서 경제적 타격이 적었다는 연구들이 나오고 있습니다. 그런데 일본은 긴급사태 선언을 한 이후에 굉장히 경제적 타격이 컸기 때문에 2차, 3차 대유행 속에서도 긴급사태 선언을 미루었고, 오히려 코로나 나레(コロナ慣れ)라고 해서, 이제는 코로나에 익숙해지자는 이야기도 했었습니다. 우리나라에서는 생각하기 어려운 일인데, 결국 그러다가 코로나가 걷잡을 수 없이

퍼져서 지금은 또 긴급사태선언을 단행하지 않았습니까? 정책이 계속 왔다 갔다 하면서 경제에는 부정적인 영향들이 좀 있는 것 같습니다.

그 다음에 일본이 수출 대국에서 투자 대국으로 변화하면서 일본과 중국의 관계가 어떻게 변화하였는가 하는 점에 대해서는, 남기정 교수님이 질문해 주신 것처럼 저도 그렇게 생각하는 부분이 있습니다. 경제적인 설명을 한 가지 하자면, 예를 들어, 옛날에 중국은 완제품을 수출하는 수출 시장이었습니다. 그러다가 중국경제가 성장하면서, 이제는 중국에 가서 공장을 지어서 전 세계에 수출하는, 즉 중국은 전 세계의 공장이자 수출기지가 되었습니다. 지금은 중국에서 철수해서 생산설비가 아세안 쪽으로 이동하고 있습니다. 현재 중국은 거대한 내수 시장이지만 예전처럼 생산기지나 수출기지로서의 의미는 많이 퇴색되었습니다. 그래서 수출이라는 측면에서 보면 예전보다는 훨씬 관련성이 떨어지게 되는 거죠. 즉, 투자처로서의 중국은 몰라도 수출기지로서의 중국은 예전만 하지 못하다고 할 수 있습니다.

현재 일본은 중국보다는 오히려 미국, 호주, 인도 등 이른바 쿼드와 함께 새로운 부품 공급망(SCRI)을 구상하고 있습니다. 나중에 아세안까지 포함하는 새로운 글로벌 밸류체인이 만들어지면 일본은 중국을 제외한 새로운 GVC를 통해서 투자대국으로서 더 성장할 수 있습니다. 이러한 점을 생각해보면, 일본은 중국을 전략적으로 대하고 있기는 한데, 내수시장으로서는 충분히 의미가 있지만, 무역 측면에서 보면 예전만 하지 못한 상황이 되었다는 것은 분명한 것 같습니다.

아베 시기에 재정은 제가 발표할 때도 말씀드렸지만 사실 크게 늘지 않았습니다. 그렇다보니 일본 정부는 재정의 효율화와 중점화를 계속 강조하는 입장이었습니다. 재정을 큰 폭으로 늘릴 수는 없으니 그 안에서 적확한 사용을 하자는 거였는데, 그러한 흐름이 무너진 것이 코로나19입니다. 코로나19 이후에는 굉장히 드라마틱하게 재정지출이 늘어납니다.

코로나19 이전에 재정지출을 과감하게 늘리지 못한 이유는 재정건전화에 대한 부담감이 있었기 때문입니다. 프라이머리 밸런스 목표를 달성해야 된다는 부담감이 있었기 때문에 재정 지출을 급격하게 늘릴 수 없었습니다. 그러나 그럼에도 불구하고 일본 정부와 일본은행은 MMT 의혹을 받고 있는데, 이에 대해 이들은 우린 재정건전화에 신경 쓰고 있기 때문에 MMT가 아니라고 방어하고 있습니다.

그다음에, 앞으로 아베노믹스는 어떻게 될 것이냐는 점인데요. 이정환 교수님 말씀하고 좀 연계가 되는데, 결국에는 4차 산업혁명으로 대표되는 산업구조 개혁, 즉 자본장비율을 높이는 노동생산성 향상이 이루어져서 이것이 불황탈출의 돌파구가 돼야 하고 사실상 이것밖에 답이 없다는 것입니다. 그러니까 성장전략 즉 신성장 산업이 중심이 돼야죠. 사실 누구나 다 알고 있는 것이기는 한데 실천이 말처럼 쉽지는 않은 것 같습니다.

마지막으로 한 가지만 말씀드리면, TPP도 그렇고 RCEP도 그렇습니다만, 일본이 굉장히 신경 쓰고 있는 것이 바로 디지털 무역에 관한 규범입니다. '디지털 무역에 관한 3원칙'도 만들고 해서 현재 일본은 투자대국으로서 디지털 무역 시대의 투자를 위한 규범 만들기에 굉장히 전력을 쏟고 있다는 점을 주목할 필요가 있습니다.

남기정 : 선생님 감사합니다. 굉장히 효율적으로 진행이 된 것 같습니다. 다양한 방면에서 질문이 나왔고 대부분의 질문에 대한 답변이 된 것 같습니다. 그럼 이걸로 29회 진단세미나를 마치겠습니다. 감사합니다.

참고문헌

박상준(2016). 『불황터널』. 매일경제신문사

박상준(2019). 『불황탈출』. 알키

박성빈(2018). 『아베노믹스와 일본경제의 미래』. 박영사

서울대학교 일본연구소 경제와경영연구팀(2018). 『구조적 대불황기 일본경제의 진로』. 박문사

이창민(2018). "'저온호황'의 출현과 아베노믹스의 방향전환". 『일본연구』, 75, 127-153

이창민(2019). "아베노믹스와 일본 경상수지의 구조변화". 『비교일본학』, 47, 43-66

이창민(2020). "코로나19의 충격과 일본경제". 『일어일문학연구』, 115, 43-65

Caballero, R. J., T. Hoshi, and A. K. Kashyap(2008). "Zombie Lending and Depressed Restructuring in Japan." *American Economic Review*, Vol.98, No.5, 1943~1977

Fukao, K. and H. U. Kwon(2006). "Why Did Japan's TFP Growth Slow Down in the Lost Decade? An Empirical Analysis Based on Firm-Level Data of Manufacturing Firms." *Japanese Economic Review*, Vol.57, No.2, 195~228

Fukao, K., K. Ikeuchi, Y. G. Kim, and H. U. Kwon(2016). "Why Was Japan Left Behind in the ICT Revolution?" *Telecommunications Policy*, Vol.40,

432~449

Hayashi, Fumio and Edward C. Prescott(2002). "The 1990s in Japan: A Lost Decade." *Review of Economic Dynamics*, Vol.5, No.1, 206~235

Koo, R., G.(2002), *Balance Sheet Recession: Japan's Struggle with Uncharted Economics and its Global Implications*. Wiley.

Koo, R., G.(2018), *The Other Half of Macroeconomics and the Fate of Globalization*. Wiley.(일본어 번역:(2019), 「追われる国」の経済学, 東洋経済新報社)

Krugman, Paul R.(1998). "It's baaack: Japan's Slump and the Return of the Liquidity Trap." *Brookings Papers on Economic Activity*, 137~205

飯田泰之(2020). "アベノミクスで「雇用と賃金」は結局どうなったのか、数字で徹底検証する". 『現代ビジネス』(https://gendai.ismedia.jp/articles/-/75451?imp=0)

祝迫得夫・岡田恵子(2009). 「日本経済における消費と貯蓄-1980年代以降の概観」 深尾京司編『マクロ経済と産業構造』 慶応義塾大学出版会

岩田紀久男(2011). 『デフレと超円高』. 講談社

岩田紀久男(2012). 『日本銀行デフレの番人』. 日経プレミアシリーズ

岩田紀久男(2018). 『日銀日記』. 筑摩書房

岩田紀久男(2019). 『なぜデフレを放置してはいけないか』. PHP研究所

玄田有史編(2017)．『人手不足なのになぜ賃金は上がらないのか』．慶応義塾大学出版会

小峰隆生(2019)．『平成の経済』．日本経済新聞出版

佐竹光彦編(2019)．『アベノミクスの成否』．勁草書房

鶴光太郎編(2019)．『日本経済のマクロ分析』．日本経済新聞出版

浜田宏一・堀内昭義(2004)．「総括コメント長期停滞はなぜ起ったのか」　浜田宏一・堀内昭義編『論争日本の経済危機：長期停滞の真因を解明する』日本経済新聞社

早川英男(2019)．"生産性低下問題を考える"．『オピニオン(経済研究所)』．富士通総研

溝端幹雄(2020)．"成長戦略の通信簿"．『大和総研調査季報』，37，38-49

이 밖에도 財務省, 総務省, 内閣府, 日本銀行에서 제공하는 데이터를 참고함.

저 자 | 이창민

한국외국어대학교 융합일본지역학부 및 동대학원 일본학과 교수. 도쿄대학 대학원 경제학연구과에서 박사학위(2012)를 취득했다. 도쿄공업대학 사회공학과 조교수, 히토쓰바시대학 경제연구소 방문교수를 거쳤으며, 일본경제론, 한일경제관계, 일본경제사 등의 분야를 중심으로 연구를 진행해오고 있다. 일본어 저서『戦前期東アジアの情報化と経済発展』(도쿄대학출판사, 2015)와 번역서『제도와 조직의 경제사』(한울아카데미, 2017)를 출간하였으며, 다수의 저서와 논문을 집필하였다. 주요논문으로는 Domestic industrialization under colonization: Evidence from Korea, 1932‐1940. *European Review of Economic History*, 25(2); The Role of the Private Sector in Japan's Recovery from the Great Depression. *International Area Studies Review*, 18(4); International Economic Policy Uncertainty and Stock Prices: Wavelet Approach. *Economics Letters*, 134 등이 있다.

IJS 서울대학교 일본연구소
Reading Japan 32

아베노믹스와
저온호황

초판인쇄 2021년 4월 21일
초판발행 2021년 4월 30일

기   획 서울대학교 일본연구소
저   자 이창민
기획책임 조관자
기획간사 홍유진
발 행 인 윤석현
책임편집 김민경
발 행 처 제이앤씨
등   록 제7 - 220호
주   소 서울시 도봉구 우이천로 353
전   화 (02)992 - 3253(대)
전   송 (02)991 - 1285
전자우편 jncbook@daum.net
홈페이지 http://www.jncbms.co.kr

ⓒ 서울대학교 일본연구소, 2021.

ISBN 979-11-5917-175-8   03320   **정가** 9,000원